Jeder hat andere Ansprüche –
Konstruktionen und Rekonstruktionen zum Bedarf von Altenpflegeheimbewohnern

Masterthesis zur Abschlussprüfung im Studiengang „Master of Arts: Advanced professional Studies (MAPS) – Internetgestützter Fernstudiengang Soziale Arbeit, Schwerpunkt: Klinische Sozialarbeit" an der Fachhochschule Koblenz, Fachbereich Sozialwesen

Vorgelegt von: Helen Schneider
Matrikel-Nr. 514796
Erstprüfer: Prof. Dr. Armin Schneider
Zweitprüfer: Prof. Dr. Peter Franzkowiak

Impressum - CIP Titelaufnahme der Deutschen Bibliothek

Helen Schneider
Jeder hat andere Ansprüche
Konstruktionen und Rekonstruktionen zum Bedarf
von Altenpflegeheimbewohnern

Coburg: ZKS-Verlag
Alle Rechte vorbehalten
© 2013 ZKS-Verlag

Cover Design: Leon Reicherts
ISBN: 978-3-934247-65-9

Der ZKS-Verlag ist eine Einrichtung der Zentralstelle für Klinische
Sozialarbeit (ZKS) UG (haftungsbeschränkt), HRB Nummer 5154
Geschäftsführer: Prof. Dr. Helmut Pauls und Dr. Gernot Hahn.

Anschrift:
Zentralstelle für Klinische Sozialarbeit
Mönchswiesenweg 12 A
96479 Weitramsdorf - Weidach

Kontakt:
info@zksverlag.de
www.zks-verlag.de
Tel./Fax (09561) 33197

Gesellschafter der ZKS:
- IPSG- Institut für Psycho-Soziale Gesundheit (gGmbH)
  Wissenschaftliche Einrichtung nach dem Bayerischen
  Hochschulgesetz an der Hochschule Coburg, staatlich anerkannter
  freier Träger der Jugendhilfe, Mitglied im PARITÄTISCHEN
  Wohlfahrtsverband. Amtsgericht Coburg. HRB 2927.
  Geschäftsführer: Dipl. Soz.päd.(FH) Stephanus Gabbert
- Dr. Gernot Hahn
- Prof. Dr. Helmut Pauls

Für Jörg und Susanne

Niemand macht sich so um die Welt verdient wie gute Eltern.
(Edward Bellamy)

Abstract

Die folgende Thesis befasst sich mit der Fragestellung: „Schätzen Personen, die sich beruflich im Kontext Altenpflegeheim bewegen, den Bedarf von Altenpflegeheimbewohnern genauso ein, wie Altenpflegeheimbewohner selbst?" Dieser Fragestellung wird methodisch anhand von offenen Leitfadeninterviews nachgegangen, die anschließend anhand der qualitativen Inhaltsanalyse ausgewertet werden. Dabei lässt sich als Ergebnis festhalten, dass die befragten beruflich im Altenpflegeheim tätigen Personen zwar den Kern des Bedarfes des befragten Altenpflegeheimbewohners kennen, jedoch in ihre Einschätzungen auch ihre persönlichen Emotionen einfließen lassen. Daraus lässt sich schlussfolgern, dass die Befragten beruflich im Altenpflegeheim tätigen Personen den Bedarf des Altenpflegeheimbewohners lediglich rekonstruieren können. Das heißt, sie erfassen den Kern seines Bedarfes, auffällige Details und fügen ihre persönlichen Emotionen ein. Sie können allerdings aus diesem Grund nie originalgetreu die Einschätzung des Altenpflegeheimbewohners wiedergeben.
Entscheidende Schlüsselwörter dieser Thesis sind: Konstruktion, Rekonstruktion, Individualität von Altenpflegeheimbewohnern, neue Wohnformen und Arbeitsbelastung des Pflegepersonals.

Abstract

In this thesis the question is: "Do nursing home staffs think the same like the nursing home residents about what nursing home residents need". The method for answer this question is to do open-structured interviews and analyze them by a qualitative content analysis. The result is that nursing home staffs can only tell the core about what nursing home residents need. And they tell their personal emotions about that. In the end that means that they only can reconstruct what nursing home residents need. So they know the core, conspicuous details and their own personal emotions. But that's why they can't tell the original opinion from the nursing home residents. Important key words of this thesis are: construction, reconstruction, individuality of nursing home residents, new living forms and the work load of the geriatric nurses.

Danke!

Allen Interviewpartnern
- für ihre Bereitschaft, mir ihre Perspektive zu erzählen

Herrn Prof. Dr. Armin Schneider
- für die wissenschaftliche Betreuung, die fachlichen Anregungen und die stets promdtem motivierenden und hilfreichen Rückmeldungen

Herrn Dr. Gernot Hahn
- für den Anstoß und die Möglichkeit, meine Arbeit zu veröffentlichen

Heinrich Arndt
- für die Genehmigung, mein berufsbegleitendes Masterstudium parallel zu meiner Vollzeitstelle durchzuführen
- für die fachliche und emotionale Umterstützung besonders in anstrengenden Arbeitsphasen

Ingrid Winter und Gudrun Schmortte
- für die kritische Durchsicht der Arbeit

Boris Falkenberg
- Für den Formatierungsfeinschliff

Mathias Winter
- für die Geduld, mit der Du meine vielen Projekte mitträgst
- für Deine Hand in meinem Rücken

Besonderer Dank

Jörg, Susanne, Ingrid, Günter, Frank, Mathias, Annika, Nicki, Marlena, Caro&Janine
- für Eure Unterstüzung
- für die vielen motivierenden Gespräche
- für das Glück, Euch zu kennen. Ihr seid mir die Wichtigsten

Gliederung

1. Einleitung

Mit hundert hat man noch Träume. So titelt die Frankfurter Allgemeine Zeitung (FAZ) in einem Artikel und weist auf steigende Zahlen hochbetagter Menschen hin, die bei steigenden altersbedingten Einschränkungen häufig erstaunlich positive Einstellungen zum Leben aufweisen (vgl. FAZ, 01.09.2009, S.1). Der Titel als solcher weist eine enorme Aussagekraft auf. Denn er verdeutlicht, dass alte und hochbetagte Menschen keine homogene Gruppe sind, die in ihrer letzten Lebensphase lediglich der Pflege und Versorgung bedarf. Jeder alte und hochbetagte Mensch ist als Individuum mit eigenen ganz persönlichen Erfahrungen, Vorlieben, Abneigungen, Sicherheiten, Zweifeln, aber auch Lebenserwartungen und Zukunftswünschen zu betrachten, auch wenn diese letzte Lebensphase noch so kurzweilig zu sein scheint. Auch das Bundesministerium für Familie, Senioren, Frauen und Jugend unterstreicht diesen Heterogenitätsgedanken:

„Häufig werden ´die Älteren´ in der öffentlichen Diskussion als eine einheitliche Gruppe mit gemeinsamen Zielen und Interessen angesprochen. Diese Annahme geht allerdings an der Realität des Lebens älterer Menschen in Deutschland vorbei. Denn wie die Lebenssituation im Alter aussieht, hängt unter anderem von dem bisherigen, persönlichen Lebensweg, dem Lebensstil und den Präferenzen sowie den damit einhergehenden Chancen und Risiken ab. Dadurch bestehen zwischen älteren Menschen gleichen Alters oftmals erhebliche Unterschiede" (BMFSFJ, 2010, S. 10).

Dieser Gedanke soll an dieser Stelle auf die Situation alter und hochbetagter Menschen in Altenpflegeheimen projiziert werden. Wenn doch jeder alte und hochbetagte Mensch als Individuum mit eigenen Wünschen zu betrachten ist, so stellt sich die Frage, inwieweit ein Altenpflegeheim mit seinem institutionellen Charakter den Wünschen dieser Menschen gerecht werden kann. Darauf folgend stellt sich eine weitere Frage, auf deren Hintergrund sich diese Arbeit aufbaut: Wissen die Personen, die sich beruflich in Altenpflegeheimen aufhalten denn eigentlich, welche Wünsche und Erwartungen die dort lebenden Altenpflegeheimbewohner an ihr Leben an sich und an das Altenpflegeheim als Institution haben? Diesem Gedanken soll im Rahmen dieser Thesis empirisch nachgegangen werden. Denn wenn die Wünsche und Erwartungen der alten und hochbetagten Menschen den beruflich im Altenpflegeheim tätigen Personen nicht bewusst wären, so würde sich die Frage stellen, nach welchen Kriterien sich letztlich die Angebote in Altenpflegeheimen richten. Hintergründig zeigt sich an dieser

Stelle der Gedanke des Kunden der Sozialen Arbeit, d. h. alte und hochbetagte Menschen kaufen für hohe Summen Leistungen der sozialen Arbeit ein, die sich am Wunsch des Kunden orientieren sollten.

Vor diesem Hintergrund befasst sich diese nun folgende Thesis mit einer qualitativen Erhebung zum Bedarf von Altenpflegeheimbewohnern. Dazu werden offene Leitfadeninterviews mit einem Altenpflegeheimbewohner und drei Personen, die sich beruflich im Kontext Altenpflegeheim bewegen, geführt, um einerseits darzustellen, wie der Altenpflegeheimbewohner selbst seinen persönlichen Bedarf im Kontext Altenpflegeheim konstruiert und wie wiederum die beruflich involvierten Personen dessen Bedarf rekonstruieren. Interessant ist dabei zu erfahren, welche Parallelen und Abweichungen sich zwischen den Aussagen des Altenpflegeheimbewohners und den Einschätzungen der übrigen Personen abzeichnen. Diese Personen setzen sich im Übrigen aus einer Heimleiterin, einer Pflegedienstleiterin und einem Mitarbeiter des Medizinischen Dienstes der Krankenkassen (MDK) zusammen. An dieser Stelle soll betont werden, dass es sich hier lediglich um eine Masterthesis mit begrenztem Zeit- und Seitenkontingent handelt. Das heißt, dass diese Thesis lediglich den Anspruch erfüllen kann und soll, eine Tendenz aufzuzeigen. Ein Anspruch auf Vollständigkeit kann in diesem Rahmen nicht erfüllt werden, da dieser unter anderem eine größere Menge an Interviewpartnern erfordern würde, was in einem Bearbeitungszeitraum von 16 Wochen nicht umsetzbar ist.

Der inhaltliche Verlauf dieser Thesis sieht vor, zunächst die Forschungsfrage und deren Entstehung darzustellen und anschließend im Kontext der Thesis wichtige Begriffe zu definieren. Anschließend werden sowohl die theoretische Basis als auch der Gegenstandsbereich thematisiert, bevor das methodische Verfahren, der Schwerpunkt dieser Thesis, erörtert wird. Dieser setzt sich aus dem Sampling, der Datenerhebung, der Transkription und der Datenanalyse zusammen und hat in jedem dieser einzelnen Methodenaspekte zunächst das Ziel, verschiedene Methoden vorzustellen und anschließend zu begründen welche Methode zur Implementierung des Forschungsthemas gewählt wird. Darauf folgend wird die jeweils gewählte Methode anhand des Forschungsthemas in ihrer konkreten Umsetzung beschrieben. Letztlich werden die Ergebnisse der Analyse dargestellt und abschließend in einem Diskussionsabschnitt kritisch betrachtet und mit der eingangs angesprochenen theoretischen Basis verknüpft.

Im Rahmen dieser Thesis wird bewusst von alten und hochbetagten Menschen gesprochen, um einerseits darzustellen, dass es sich bei Personen, die in Altenpflegeheimen leben, heute nicht mehr nur um Personen einer, sondern meist zweier Generationen handelt. Denn es leben heute sowohl 70-, als auch 90- oder 100-jährige Personen in Altenpflegeheimen, wobei die 70-jährigen, rein biologisch auf das Alter bezogen, die Kinder der 90- oder 100-jährigen Personen sein könnten, mit denen sie gemeinsam im Altenpflegeheim leben. Weiterhin ist der Begriff des Menschen in dieser Formulierung dabei auch von wichtiger Bedeutung, da er verdeutlichen soll, dass sich hinter der zu benennenden Personengruppe einzelne Individuen verbergen. Aus Gründen des Respekts diesen Menschen gegenüber wird im Rahmen dieser Thesis nicht von Alten und Hochbetagten, sondern von alten und hochbetagten Menschen gesprochen. Alternativ fließt an einigen Stellen dieser Thesis jedoch auch der Begriff des Altenpflegeheimbewohners oder des Bewohners ein, um diese Personengruppe durch diese Begriffe selbst in ihrer persönlichen Lebenslage, nämlich dem bereits erfolgten Einzug in ein Altenpflegeheim und die damit verbundene Aufgabe des eigenen Hauses oder der eigenen Wohnung, zu spezifizieren.

Letztlich sei an dieser Stelle noch zu betonen, dass aus sprachökonomischen Gründen die gesamte Thesis in der männlichen Form verfasst wird, obwohl beide Geschlechter gleichermaßen angesprochen werden. Ausnahmen dieser Vorgehensweise ergeben sich lediglich in Bezug auf einzelne gezielt angesprochene Personen, wie die Forscherin, die Heimleiterin und die Pflegedienstleiterin, da diese Personen tatsächlich weiblich sind und als solche im Text auch dargestellt werden.

Im Folgenden soll nun die Forschungsfrage selbst und ihre Entwicklung explizit dargestellt werden.

1.1 Forschungsfrage

In diesem Abschnitt soll nicht nur die Forschungsfrage selbst, sondern auch deren Entwicklung bis zur Präzision dargestellt werden. „Zu Beginn jeder Forschung gilt es, aufgrund erster Beobachtungen und Überlegungen, sowie in Auseinandersetzung mit Fachliteratur und anderen Quellen, die ein interessierendes Phänomen betreffen, sein eigenes Erkenntnisinteresse zu formulieren und die Fragestellung der Untersuchung zu präzisieren" (Przyboski/Wohlrab-Sahr, 2009, S. 17). Das Erkenntnisinteresse entwickelte sich ursprünglich aus der Lektüre der Qualitätsprüfungsrichtlinien des MDK, die im „Erhebungsbogen zur Prüfung der Qualität nach den §§ 114 ff. SGB XI in der stationären Pflege" (GKV-Spitzenverband, 11.02.2011, S. 1) festgehalten werden. Dieser Erhebungsbogen stellte die Grundlage eines früheren Forschungsprojektes dar und befasste sich mit der Frage, ob die

Kriterien, die ein Altenpflegeheim aus Sicht des MDK für eine qualitativ hochwertige Arbeit erfüllen muss, auch die Kriterien sind, die aus Sicht der in einem Altenpflegeheim lebenden Menschen erfüllt werden sollten. Aus diesem Forschungsprojekt, das lediglich im Rahmen einer Studienarbeit durchgeführt wurde und daher weniger einen repräsentativen Anspruch erfüllen, sondern vielmehr lediglich eine Tendenz darstellen sollte, ergaben sich für die Bewohner wichtige Kriterien, die im Erhebungsbogen des MDK nicht genannt wurden. Auch kam einigen, durch den MDK aufgeführten Kriterien durch die befragten Bewohner nur geringe Bedeutung zu. Aus diesem Grund stellte sich der Forscherin die Frage, auf welcher Wissensgrundlage der MDK glaubt, den Bedarf von Altenpflegeheimbewohnern einschätzen zu können. Weiterhin stellte sich die Frage, wie Menschen anderer beruflicher Positionen, die in engem Kontakt zu Altenpflegeheimbewohnern stehen, wie Pflegekräfte oder Heimleiter, aus ihrer Position den Bedarf von Altenpflegeheimbewohnern einschätzen und wie sich deren Einschätzungen von der des MDK möglicherweise unterscheiden, und wenn ja warum. Letztlich stellte sich doch auch die Frage, wie Altenpflegeheimbewohner selbst ihren Bedarf einschätzen und wie sich deren Meinungen zu den Sichtweisen der bereits genannten Personen unterscheiden können. Dies waren die Grundgedanken bzw. die Basis, woraus sich eine konkret formulierte Forschungsfrage präzisieren sollte. In diesem Zusammenhang ist folgendes zu betonen:

„Qualitative Forschung zeichnet sich gerade dadurch aus, dass sie Fragestellungen, Konzepte und Instrumente in Interaktion mit dem Forschungsfeld immer wieder überprüft und anpasst. (…) Allerdings bleibt die erste Formulierung der Fragestellung und des Erkenntnisinteresses vorläufig und wird im Lauf der Forschung nachjustiert" (Przyboski/Wohlrab-Sahr, 2009, S. 17).

Diese angesprochene Nachjustierung fand auch im Rahmen dieser Thesis statt. So kam zunächst zu den bereits genannten Grundgedanken ein weiteres Erkenntnisinteresse hinzu. Dabei fiel der Forscherin während eines Aufenthaltes in einem Altenpflegeheim eine Pflegekraft auf, die bei einer Kollegin über ihre Arbeitsbedingungen klagte. Dies gab der Forscherin zunächst Anlass dazu, sich nicht nur zu fragen, wie Personen aus verschiedenen Positionen den Bedarf eines Altenpflegeheimbewohners einschätzen, sondern auch welchen Bedarf diese Personen selbst im Kontext Altenpflegeheim haben. Nach diesen zwei Schwerpunkten wurde somit der zu erforschende Themenbereich unter dem Titel der Bedarfsorientierung im

Kontext Altenpflegeheim abgegrenzt und die Interviewleitfäden (siehe Kapitel 4.2.1) entsprechend erstellt. Dabei wurden jedoch die Frage nach der jeweiligen Einschätzung zum Bedarf von Altenpflegeheimbewohnern und die Thematik des Bedarfs der beruflich involvierten Befragten im Interviewleitfaden getrennt voneinander behandelt. Die Forschungsfrage lautete demnach zu diesem Zeitpunkt: „Wie schätzen Personen verschiedener Positionen im Kontext Altenpflegeheim sowohl den Bedarf von Altenpflegeheimbewohnern als auch ihren eigenen Bedarf in dieser Institution ein?". allerdings stellte sich im Anschluss an die Interviewführung heraus, dass die Masse an Informationen aus den Interviews und die Bearbeitung zweier Themenschwerpunkte die bis dato in puncto Umsetzung von Forschungsmethoden wenig versierte Forscherin in Bezug auf die anschließende Datenanalyse vor eine große Herausforderung stellte. Im Rahmen einer intensiven Diskussion mit anderen Forschern im Rahmen eines Workshops zur rekonstruktiven Sozialarbeitsforschung, die zu dem Schluss kam, dass sich die Forschungsfrage im Rahmen einer Masterthesis lediglich auf einen Themenschwerpunkt beziehen sollte, wurde die Forschungsfrage entsprechend nachjustiert und gestaltete sich nun wie folgt: „Schätzen Personen, die sich beruflich im Kontext Altenpflegeheim bewegen, den Bedarf von Altenpflegeheimbewohnern genauso ein, wie Altenpflegeheimbewohner selbst?". Abschließend sei hier weiterhin anzumerken, dass trotz späterer Eingrenzung der Forschungsfrage nach der Durchführung der Interviews diese doch trotzdem in ihrer ursprünglich geführten Form verwendet werden konnten, da sie den nun eingegrenzten Themenbereich nach wie vor abzeichneten. Die Interviewpassagen zu dem Bedarf der beruflich im Altenpflegeheim tätigen Personen wurden jedoch später in der Datenanalyse nicht oder nur teilweise berücksichtigt. Doch dazu wird ausführlich in Kapitel 4.3.1 berichtet.

Im folgenden Kapitel sollen zunächst im Kontext dieser Thesis relevante Begriffe definiert werden.

1.2 Definitionen

Im Folgenden sollen nun die für diese Thesis grundlegenden Begriffe hinsichtlich ihrer Verwendung separat voneinander definiert werden. Dies soll von Beginn an mögliche Unklarheiten bezüglich deren Verwendung entsprechend verhindern. Definiert werden in diesem Zusammenhang die zentralen Begriffe dieser Thesis: Ansprüche, Konstruktionen, Rekonstruktionen, Bedarf und Altenpflegeheimbewohners.

<u>Ansprüche</u>
Allgemein wird der Begriff des Anspruchs definiert als „das Recht, von einem anderen ein Tun oder Unterlassen zu verlangen. Es gibt *schuldrechtliche Ansprüche* (→ Forderungen), z. B. aus einem Kaufvertrag, und *dingliche Ansprüche,* z. B. aus dem Eigentum, auf Herausgabe einer Sache" (wissen.de, 30.10.2011).
In Bezug auf Ansprüche von Altenpflegeheimbewohnern lassen sich in der Literatur maximal Themenaspekte wie der Anspruch auf Versicherungsleistungen oder der Anspruch auf Schmerzensgeld ausfindig machen.
Der Begriff des Anspruchs hat allerdings im Rahmen dieser Thesis eine besondere und stark individuelle Funktion. Denn er stellt schon, wie es die allgemeine Definition vorgibt, das Recht dar, von anderen Personen ein Tun oder Unterlassen zu erwarten. Jedoch sollte an dieser Stelle betont werden, dass der Umgang mit diesem Recht individuell stark variieren kann. So lässt sich vermuten, dass eine körperlich stark pflegebedürftige Person andere Ansprüche an das eigene Leben und an die Menschen um sich herum stellt, als eine Person, die ausgeprägte dementielle Einschränkungen aufweist. So wird es im Rahmen dieser Thesis spannend sein herauszufiltern, wie sich diese individuell unterschiedlichen Ansprüche darstellen.

<u>Konstruktionen und Rekonstruktionen</u>
Die Begriffe Konstruktion und Rekonstruktion werden an dieser Stelle bewusst gemeinsam definiert, da sie in engem Bezug zueinander stehen und in bestimmten Fachgebieten sogar synonym verwendet werden. Doch soll an dieser Stelle auch eine klare Abgrenzung der beiden Begriffe erfolgen, um deren unterschiedliche Verwendung im Rahmen dieser Thesis von Beginn an deutlich darzustellen. Da hier in einen Definitionsabschnitt zwei Begriffe einfließen, gestaltet sich dieser Abschnitt im Vergleich zu den übrigen Begriffsdefinitionen in diesem Kapitel entsprechend länger.

Konstruktionen lassen sich allgemein als „Aufbau, Entwurf" (Wissen.de, 30.10.2011) definieren. Weiterhin lassen sie sich auch aus philosophischer Sicht definieren als „der Entwurf eines Gedankensystems, aus dem sich entweder die Fülle jeweiliger Gegebenheit ableiten lässt oder das die Fülle des Gegebenen ordnen soll" (Wissen.de, 30.10.2011).

Rekonstruktionen werden allgemein als „Wiederherstellung, Nachbildung" (Wissen.de, 30.10.2011) definiert.

In der Psychologie verwendet vor allem Freud diese beiden Begriffe meist synonym im Rahmen des analytischen Prozesses in Bezug auf die Lebensgeschichte seiner Patienten. Er geht davon aus, dass er in einer Therapiesitzung mit seinen Patienten gemeinsam deren Lebensgeschichte konstruiert bzw. rekonstruiert. (vgl. Kutter/Müller, 2008, S.340ff.)

Sader und Weber weisen hinsichtlich des Begriffs der Konstruktion im Kontext der Psychologie der Persönlichkeit darauf hin, dass die Konstruktion der eigenen Lebenswelt sehr individuell betrachtet werden muss, da sich jede Person ihre eigene Welt auf ganz eigene individuelle Weise konstruiert (vgl. Sader/Weber, 1996, S. 53f.).

Der Begriff der Rekonstruktion wird weiterhin von Bartlett im Zusammenhang mit dem Erinnern als eine aktive Rekonstruktion formuliert. Dabei ging es Bartlett darum, Versuchspersonen einen Text vorzulegen, den sie anschließend nach einer gewissen Zeit wiedergeben sollten. Auffällig war dabei, dass die Wiedergabe des Textes meist kürzer war als der Text selbst, die Bedeutungen, aber nicht der Wortlaut übernommen wurden und manche Details des Originaltextes in der Wiedergabe entweder verschwanden, neu hinzukamen oder verändert wurden. Diese Auffälligkeiten zeigten, dass sich der wiedergegebene Text immer der persönlichen Sichtweise der jeweiligen Versuchsperson anpasste. Bartlett geht davon aus, dass die Versuchspersonen nicht nur den Kern des Textes und auffällige Einzelheiten, sondern auch die eigenen Emotionen, die sie gegenüber dem gelesenen Text aufbauen, speichern. Die Erinnerung der einzelnen Personen lässt sich beschreiben als eine Rekonstruktion dieser gespeicherten Aspekte zu einem sinnvollen Gesamtbild. (vgl. Edelmann, 1996, S. 250f.)

Im Rahmen dieser Thesis sollen diese verschiedenen Definitionen und Betrachtungsweisen der beiden Begriffe Konstruktion und Rekonstruktion als Basis genutzt werden, um die Schwerpunkte dieser beiden Begriffe im Rahmen dieser Thesis zu verorten. Bezogen auf die zu Beginn genannten allgemeinen Definitionen lässt sich die Konstruktion als Aufbau bzw. Entwurf und die Rekonstruktion als Wiederherstellung, Nachbildung beschreiben. Aus diesem Blickwinkel betrachtet, soll im Rahmen dieser Thesis die Konstruktion als Sichtweise des Altenpflegeheimbewohners definiert werden. Er ist schließlich die Hauptperson in diesem Forschungskontext, es geht um seinen konkreten Bedarf und seine Sichtweise zu dem genannten Thema. Er befindet sich demnach im direkten Kontext seines eigenen Bedarfs, während die beruflich im Altenpflegeheim tätigen Personen lediglich eine Zuschauerrolle von außen innehaben. Der Altenpflegeheimbewohner entwirft bzw. konstruiert, wie es auch Sader und Weber betonen, seine eigene Lebenswelt und damit auch seinen eigenen Bedarf. Die Rekonstruktion hingegen soll im Rahmen dieser Thesis als Sichtweise der Heimleiterin, der Pflegedienstleiterin und des Mitarbeiters des MDK definiert werden. Diese Personen befinden sich nicht in der gleichen Lage wie der Altenpflegeheimbewohner. Sie können lediglich beobachten und nachbilden bzw. rekonstruieren, welchen Bedarf Altenpflegeheimbewohner aus ihrer Sicht haben könnten. In diesem Zusammenhang ist die Definition von Bartlett des Erinnerns als aktive Rekonstruktion als sehr spannend zu betrachten. Denn die beruflich im Altenpflegeheim tätigen Personen können lediglich den Altenpflegeheimbewohner im täglichen Umgang beobachten. Sie können aber nicht exakt die gleiche Sichtweise des Altenpflegeheimbewohners wiedergeben, da sie sich, wie Bartlett es beschreibt, lediglich an den Kern des Beobachteten, an auffällige Einzelheiten und an ihre eigenen Emotionen in diesem Zusammenhang erinnern können. Aus diesen drei Aspekten heraus rekonstruieren sie ein Gesamtbild des Beobachteten, das von ihrer eigenen ganz persönlichen Einstellung zum Thema abhängt. Vor diesem theoretischen Wissenshintergrund sollen die Ergebnisse, die sich aus den später zu bearbeitenden empirischen Daten herauskristallisieren, in Kapitel 6 diskutiert und miteinander verknüpft werden.

Bedarf

Der Begriff des Bedarfs wird allgemein definiert als „der konkretisierte Wunsch nach Beschaffung bestimmter Mittel (Güter) zur Befriedigung von Bedürfnissen" (Wissen.de, 30.10.2011). Psychologisch betrachtet lässt sich dieser Begriff auf Abraham Maslow zurückführen, der eine Hierarchie der Bedürfnisse anhand einer sogenannten Bedürfnispyramide erstellt hat. Diese beginnt an erster Stelle mit den psychologischen Bedürfnissen, auf die der Reihe nach Sicherheitsbedürfnisse, Liebesbedürfnisse, Selbstachtung und Selbstaktualisierung folgen (vgl. Edelmann, 1996, S. 373). Diese einzelnen Aspekte stehen miteinander in enger Verbindung und zeigen nach Maslow konkret auf, wonach der Mensch hierarchisch strebt. An dieser Stelle soll aber nicht näher darauf eingegangen werden, denn die Maslow'sche Bedürfnispyramide soll im folgenden Kapitel als theoretischer Hintergrund dieser Thesis explizit erörtert werden, weshalb an dieser Stelle der weiteren Definition und Einordnung dieses Aspektes in der Thesis nicht weiter vorweg gegriffen werden soll. Auch der theoretische Wissenshintergrund zum Begriff des Bedarfs wird in Kapitel 6 mit den Ergebnissen der empirischen Daten diskutiert und verknüpft werden.

Altenpflegeheimbewohner

Für den Begriff des Altenpflegeheimbewohners lässt sich keine allgemein festgeschriebene Definition aus der Literatur entnehmen. Für diese Thesis lässt sich als Definition festhalten, dass in dem Begriff des Altenpflegeheimbewohners alle Personen einbezogen werden, die in einem Altenpflegeheim leben, unabhängig davon, ob sie sich aufgrund ihrer Pflegebedürftigkeit auf einer Pflegestation befinden oder bereits vor der möglicherweise eintretenden Pflegebedürftigkeit eine eigene Wohnung in einem Altenpflegeheim beziehen, ohne zu diesem Zeitpunkt auf Pflegeleistungen angewiesen zu sein.

2. Theoretischer Hintergrund und Darstellung des Forschungsstandes

Dieses Kapitel gehört strukturell betrachtet an den Beginn dieser Thesis, wurde allerdings bewusst erst nach der Auswertung der Interviews verfasst, die erst ab Kapitel 4 dieser Thesis thematisiert werden. Diese Form des Vorgehens wurde durch die Forscherin bewusst gewählt, um auf der Grundlage bereits zusammengetragener und von ihr verschriftlichter Literatur nicht bereits im Vorfeld Thesen zu bilden, die die Auswertung der Interviews beeinflussen könnten. Dabei war es das Anliegen der Forscherin, dem eigens erhobenen Datenmaterial gegenüber möglichst offen und soweit möglich weitgehend objektiv zu bleiben und das Datenmaterial als Basis für Interpretationen und Verknüpfung mit theoretischer Literatur zu betrachten, statt die Literatur als Basis des Datenmaterials anzusehen. Somit wurde m. E. ein offener Umgang mit dem Material gewährleistet und Wege zu intensiveren Verknüpfungen zur Literatur und daraus entstehenden Schlussfolgerungen geebnet.

Inhaltlich setzt sich dieses Kapitel nun aus zwei Schwerpunkten, dem grundlegenden theoretischen Hintergrund dieser Thesis und dem aktuellen Forschungsstand zum Thema dieser Thesis zusammen.

2.1 Theoretischer Hintergrund

Als grundlegender theoretischer Hintergrund lässt sich zunächst die bereits im Kapitel 1.2 kurz umrissene Bedürfnispyramide nach Maslow festhalten. Da sich das Thema der Thesis mit dem Bedarf von Altenpflegeheimbewohnern befasst, ist es aus Sicht der Forscherin unumgänglich, an dieser Stelle theoretische Konstrukte zum Thema Bedarf bzw. Bedürfnisse anzufügen. Maslow, der sich in der humanistischen Psychologie bewegt, unterscheidet dabei zwischen fünf grundlegenden Bedürfniskategorien, deren Begrifflichkeiten sich im Laufe der Zeit wandelten. So wurden sie 1996 im Buch „Lernpsychologie" von Walter Edelmann noch als Physiologische Bedürfnisse, Sicherheitsbedürfnisse, Liebesbedürfnisse, Selbstachtung und Selbstaktualisierung (vgl. Edelmann, 1996, S. 373) definiert, während sie heute als Grundbedürfnisse, Sicherheitsbedürfnisse, soziale Bedürfnisse, Ich Bedürfnisse und Selbstverwirklichung beschrieben werden (vgl. Dialogmarketing, 07.12.2011). Ungeachtet der veränderten Begrifflichkeit ist jedoch der Inhalt, den es durch sie auszudrücken gilt, derselbe. Dieser soll anhand folgender Grafik der Maslow'schen Bedürfnispyramide aufgezeigt werden:

Bedürfnispyramide nach Abraham Harold Maslow (1908 - 1970)

(Dialogmarketing, 07.12.2011)

„Maslow unterscheidet Defizitmotive [bzw. Defizitbedürfnisse] (die Nummern 1-4 in der Hierarchie), deren Befriedigung im Sinne des Homöostasemodells zu einer Spannungsreduktion führt von den Wachstumsmotiven [bzw. Wachstumsbedürfnissen] (Selbstaktualisierungsbedürfnis), die bei ihrer Befriedigung eine lustvolle Spannungssteigerung ergeben und so immer stärker werden. In ihnen wird die zentrale Motivation des Individuums gesehen" (Maslow, 1955 In: Edelmann, 1996, S. 373). Die Defizitbedürfnisse werden anhand des oben abgebildeten Schaubildes durch die Grund-, Sicherheits- und sozialen Bedürfnisse dargestellt. Die Grundbedürfnisse stellen dabei lebensnotwendige Aspekte dar, wie den Bedarf an Nahrung, Flüssigkeit und Schlaf. Die Sicherheitsbedürfnisse umfassen den Bedarf eines sicheren Arbeitsplatzes, der ein geregeltes Einkommen mit sich bringt sowie den Bedarf eines festen Wohnsitzes. Die sozialen Bedürfnisse vereinen den Kontakt und die Bindung zu unterschiedlichsten Personen, egal ob es dabei um die Liebe zum Partner, die enge Bindung zur Familie, Freundschaften oder die Zugehörigkeit am Arbeitsplatz geht. Die Wachstumsbedürfnisse hingegen setzen sich aus den Ich Bedürfnissen und der Selbstaktualisierung zusammen. Dabei beziehen sich die Ich Bedürfnisse besonders auf den Bedarf nach Selbstwertgefühl, Geltung und Anerkennung. Die Selbstaktualisierung beinhaltet besonders den Wunsch nach „wertvoller Arbeit und nach Teilnahme an Wertideen" (Edelmann, 1996, S. 373). Wird dieser Wunsch bzw. Bedarf nicht ausreichend erfüllt, so führt dies möglicherweise dazu, dass der betreffenden Person der Sinn des Lebens fehlt, was zur routinierten Lebensführung in enger Verbindung mit geringem Interesse an sich selbst und der Umgebung führen kann, es kommt zu einer gewissen Lethargie der betreffenden Person (vgl. Edelmann, 1996, S.373). Diese fünf verschiedenen Bedürfnisse stehen in engem Bezug zueinander und sind voneinander abhängig. So schreibt Edelmann: „Seelische Gesundheit ist von der Befriedigung aller Grundbedürfnisse abhängig, wobei die hierarchieniedrigeren Bedürfnisse zunächst befriedigt werden müssen, ehe die hierarchiehöheren ihre motivationale Wirkung entfalten können" (Edelmann, 1996, S. 373).

In Bezug auf die besondere Situation von Altenpflegeheimbewohnern, die aufgrund meist altersbedingter körperlicher oder geistiger Einschränkungen nicht mehr zu Hause leben können und somit in gewisser Weise abhängig sind von den strukturellen Gegebenheiten eines Altenpflegeheims, ist die Bedürfnispyramide nach Maslow besonders interessant. Hier stellt sich die Frage, inwieweit diese fünf dargestellten Bedürfnisse eines jeden Altenpflegeheimbewohners im Kontext Altenpflegeheim erfüllt werden können und wie sich diese konkret darstellen. Inwieweit spielen Freundschaften bzw. Bezugspersonen im Altenpflegeheim eine Rolle? Welche Formen der Anerkennung bzw. Geltung sind in diesem Kontext möglich oder werden durch Altenpflegeheimbewohner gefordert? Wie ist der Aspekt der Selbstaktualisierung im Altenpflegeheim umsetzbar bzw. was sind die Folgen nicht umsetzbarer Selbstaktualisierung. Diese Fragen sollen in Kapitel 6 vor dem Hintergrund des für diese Thesis erhobenen Datenmaterials diskutiert werden.

Als weiterer grundlegender theoretischer Hintergrund dieser Thesis kann das salutogenetische Modell nach Aaron Antonovsky betrachtet werden. Antonovsky geht darin davon aus, dass Krankheit zum Leben dazugehört, statt eine Abweichung zur Normalität darzustellen. Dabei sieht er Gesundheit und Krankheit als Pole, die sich auf einem gemeinsamen Kontinuum bewegen (vgl. Franke, 2006, S. 158). Im Gegensatz zu vielen anderen Forschern stellt Antonovsky erstmals die Frage, was einen Menschen gesund macht, statt zu fragen was ihn krank macht (vgl. Franke 2006, S. 65). Hinzu kommt, dass Antonovsky Menschen als solche in ihrem gesamten Lebenskontext mit all ihren Erfahrungen und Verhaltensmustern betrachtet, statt sie lediglich als gesund oder krank zu betrachten, wie es beispielsweise dichotome Modelle (d. h. Modelle, die genau zwei Zustände wahrnehmen, nämlich krank und gesund) tun. Beispiele dieser Modelle sollen aus Kapazitätsgründen an dieser Stelle nicht näher erörtert werden. Insgesamt betrachtet schreibt Alexa Franke bezüglich des engen Blickwinkels dichotomer Modelle: „Die Konzentration auf Krankheit hat zur Folge, dass zum einen die Person hinter der Krankheit verschwindet oder als irrelevant betrachtet wird und dass zum anderen alle Nicht-Patienten und Menschen ohne diagnostizierte Krankheit aus der Betrachtung ausgeschlossen sind" (Franke 2006, S. 67). Antonovsky hingegen betrachtet den Menschen wesentlich umfangreicher und stellt dabei drei Faktoren besonders in den Fokus. Diese sind zum einen das Stresskonzept bzw. die Stressbewältigung, zum anderen die allgemeinen Widerstandsressourcen und weiterhin das Kohärenzgefühl, welche nun folgend näher dargestellt werden sollen.

Im Rahmen des Stresskonzeptes bzw. der Stressbewältigung spricht Antonovsky von sogenannten Stressoren, d.h. körperlicher und seelischer Reize" (Gesundheitsberichterstattung des Bundes, 09.12.2011). Er geht davon aus, dass Menschen, die mit Stressoren konfrontiert werden, in einen körperlichen und seelischen Spannungszustand geraten. Aus diesem Spannungszustand heraus entsteht jedoch ein Drang, diesen baldmöglichst zu bewältigen. Sofern diese Bewältigung gelingt, kann sie sich nach Antonovsky's Verständnis heraus positiv auf den Gesundheitszustand des Menschen auswirken. Gelingt sie nicht, kann sie sich aber auch negativ auf diesen auswirken (vgl. Franke 2006, S. 58/67).

Die Widerstandsressourcen hingegen beschreibt Antonovsky als Merkmale, die die Bewältigung des gerade genannten Spannungszustandes erleichtern. Diese Merkmale entstehen laut Antonovsky ganz individuell aufgrund biographischer und familiärer Bindungen sowie gesellschaftlicher Einflüsse, die dazu führen, dass sich Menschen, je nach ihren individuellen Erlebnissen heraus, konstitutionelle, aber auch genetische und psychosoziale Ressourcen aneignen. Der Begriff Konstitutionell beschreibt dabei die Ressourcen, die sich auf die körperliche Verfassung beziehen. Genetische Ressourcen lassen sich, wie der Begriff schon sagt, auf die Erbanlagen durch Mutter und Vater zurückführen. Als psychosoziale Ressourcen beschreibt Antonovsky Gesichtspunkte wie die soziale Bindungsfähigkeit, Intelligenz, kulturelle Stabilität, Ich-Identität und Coping-Fähigkeit. Die Coping-Fähigkeit, die wohl diese Aufzählung betreffend am wenigsten geläufig ist, lässt sich definieren als „Fähigkeit zu erfolgreicher Auseinandersetzung mit der physischen und sozialen Umwelt" (Socialinfo, 11.12.2011). Aus diesen konstitutionellen, genetischen und psychosozialen Ressourcen und deren jeweils individuellen Ausprägungen heraus eignet sich nach Antonoskys Auffassung der Mensch einen Bestand an Verhaltensweisen an, durch die er die Stressoren, die anfangs thematisiert wurden, bewältigen kann (vgl. Franke 2006, S. 58-68).

Das Kohärenzgefühl allerdings wird folgendermaßen recht deutlich von Franke definiert :

„Auf der Grundlage von verfügbaren Ressourcen können Menschen immer wieder Lebenserfahrungen der Konsistenz, Teilhabe und Balance von Anforderungen machen. Daraus entwickeln sie in der Kindheit und Jugend bis ins frühe Erwachsenenalter hinein eine relativ stabile Lebensorientierung und tiefe Überzeugung, dass ihr Leben im Prinzip verstehbar, sinnvoll und zu bewältigen ist" (Franke 2006, S. 68).

Das Kohärenzgefühl lässt sich daher auf grundlegende Ansichten zum Leben zurückführen und ist somit langfristig prägend bezüglich des Umgangs eines Menschen mit Belastungen. Franke stellt in der letzten Zeile ihrer Definition doch auch bereits die drei Säulen dar, auf denen das Kohärenzgefühl basiert, nämlich der Verstehbarkeit, der Handhabbarkeit und der Bedeutsamkeit. Dabei lässt sich die Verstehbarkeit als ein Gefühl der Sicherheit beschreiben, die persönliche Lebensumwelt nicht nur zu verstehen, sondern auch strukturiert und konsistent wahrzunehmen. Die Handhabbarkeit hingegen lässt sich beschreiben als individuell unterschiedliche Menge an Ressourcen, die ein Mensch aufweist um mit Stressoren umzugehen. Die Bedeutsamkeit kann letztlich definiert werden als Gefühl des eigenen Lebens, als nicht nur sinnvoll, sondern auch wert genug, Energie für dieses aufzubringen (vgl. Franke, 2006, S. 162f.)

Der Umgang mit Stressoren steht in direkter Wechselwirkung mit dem gerade ausführlich dargestellten Kohärenzgefühl. Denn gelingt der Umgang mit Stressoren, steigert dies das Kohärenzgefühl der jeweiligen Person. Ein ausgeprägtes Kohärenzgefühl trägt aber auch ebenfalls zu einem gelungenen Umgang mit Stressoren bei (vgl. Franke 2006, S. 68-69).

All die genannten Aspekte, die das salutogenetische Modell auszeichnen, sind in der folgenden Tabelle noch einmal grafisch dargestellt.

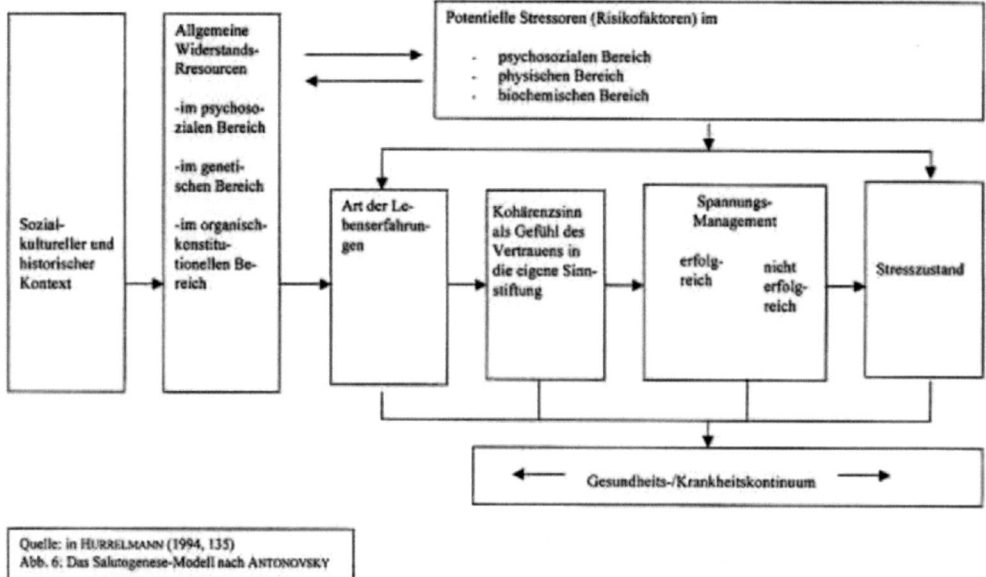

Das salutogenetische Modell nach AARON ANTONOVSKY

Quelle: in HURRELMANN (1994, 135)
Abb. 6: Das Salutogenese-Modell nach ANTONOVSKY

(Landesakademie für Fortbildung und Personalentwicklung an Schulen, 11.11.2011)

Doch warum ist dieses Modell in Bezug auf Personen interessant, die in einem Altenpflegeheim leben? Dies wird deutlich anhand eines Textes von Wiesmann et al aus dem Jahr 2004 zum Thema Salutogenese im Alter. Diese stellen die Frage in den Raum, warum es manchen Menschen gelingt, gesund zu altern. Denn geht man nach Antonovsky, der darstellt, dass Krankheit und Leiden zur Normalität des Lebens unweigerlich dazugehören, so kann man nach Wiesmann et al davon ausgehen, dass besonders das steigende Alter mit einem Zuwachs von Krankheit und Leiden verbunden ist. (vgl. Wiesmann et al, 2004, S. 366)

Nach Antonovsky der, wie eingangs geschildert, Menschen nicht in die Sparten „gesund" oder „krank" einstuft, bewegt sich der Mensch auf einem Kontinuum zwischen Gesundheit und Krankheit, welche als zwei von einander abhängige Pole betrachtet werden. Wiesmann et al betonen in Bezug auf alte und hochbetagte Personen allerdings den Unterschied zwischen dem subjektiven Erleben des eigenen Gesundheitszustandes und dem objektiv durch andere Personen festgestelltem Gesundheitszustand. Sie schreiben dazu: „Das subjektive Erleben ist der verhaltensbestimmende Faktor und der verlässliche Indikator für Langlebigkeit und Morbidität (…) – nicht der

objektiv festgestellte Gesundheitszustand" (Wiesmann et al, 2004, S. 367f.).
So schätzten beispielsweise in einer Studie 59% von befragten
hundertjährigen Personen ihren Gesundheitszustand als gut oder gar als
ausgezeichnet ein, obwohl sie bereits diverse altersbedingt stark ausgeprägte
Einschränkungen aufwiesen. Wiesmann et al schreiben dazu: „Entscheidend
ist die Gesamtsituation des älteren Menschen, sein biographischer
Hintergrund und ein bio-psycho-soziales Gesundheitskonzept in der
Versorgung. Das Salutogenese-Modell hebt in der Tat diese Aspekte in den
Vordergrund" (Wiesmann et al, 2004, S. 368). Diese Aspekte führen dazu,
dass Antonovsky, wie eingangs bereits erwähnt, Menschen in ihrem
gesamten Lebenskontext betrachtet und diesen zur Erklärung von Gesundheit
und Krankheit einbezieht.
Auch dem Kohärenzgefühl sprechen Wiesmann et al mit steigendem Alter
eine höhere Bedeutung zu.

„Da die ‚bio-psycho-soziale Einheit' Mensch im Alter mit einer Vielzahl von
alterskorrelierten potentiellen Stressoren konfrontiert wird, ist das
Kohärenzgefühl in dieser Lebensphase besonders wichtig. Sowohl
physiologische Rückbildungsprozesse, welche mit einem erhöhten
Erkrankungsrisiko einhergehen und Funktionseinbußen in verschiedenen
Organsystemen mit sich bringen können, als auch gravierende
Lebensveränderungen im sozialen Bereich, wie zum Beispiel der Übergang
in den Ruhestand oder der Tod des Ehepartners, erfordern psychosoziale
Anpassungs- und Bewältigungsleistungen des Individuums (…)" (Wiesmann
et al, 2004, S. 370f.).

Somit wird deutlich, dass das Salutogenese-Modell besonders bei alten und
hochbetagten Menschen eine enorm wichtige Rolle spielt. Doch was hat das
mit der Forschungsfrage zu tun, die es in dieser Thesis zu behandeln gilt?
Letztlich soll diese Thesis ja eine Tendenz darstellen, ob sich die Aussagen
von Altenpflegeheimbewohnern selbst und beruflich im Kontext
Altenpflegeheim tätigen Personen zum Bedarf von
Altenpflegeheimbewohnern weitestgehend decken oder eventuell auch
gänzlich unterscheiden. In diesem Rahmen stellt sich jedoch auch
wissenschaftlich betrachtet die Frage, inwieweit es theoretische Konstrukte
gibt, die sich in den Aussagen der betreffenden Personen zur alltäglichen
Praxis erkennen und letztlich miteinander verknüpfen lassen. Stellt sich somit
anhand der Analyse des erhobenen Datenmaterials heraus, dass sich
Aussagen der Probanden mit den theoretischen Grundgedanken
Antonovsky's verknüpfen lassen, so lässt sich weiterhin

zukunftsperspektivisch überlegen, inwieweit diese Theorie in die Ausbildung von beruflich im Kontext Altenpflegeheim tätigen Personen einfließen muss, um den Umgang mit den Altenpflegeheimbewohnern und deren persönlichem Blickwinkel zu erleichtern. Weiterhin stellt sich natürlich in diesem Kontext auch wissenschaftlich betrachtet die spannende Frage nach der Aktualität des Salutogenese-Modells von Antonovsky. Dies wird in Kapitel 6 im Rahmen der Diskussion in Verknüpfung mit den Ergebnissen der erhobenen Daten nochmals aufgegriffen.

Ein weiterer Punkt, der zwar m. E. kritisch betrachtet werden muss, aber an dieser Stelle nicht fehlen darf, ist der demographische Wandel. Nach Aussagen des fünften Berichtes zur Lage der älteren Generation in der Bundesrepublik Deutschland, der durch das Bundesministerium für Familie, Senioren, Frauen und Jugend 2005 veröffentlicht wurde, wird dargestellt, dass bereits zwischen 1953 und 2003 die Zahl der 90 Jahre und älteren Personen um 1662,9% anstieg, während die Zahl der 29-65 Jahre alten Menschen lediglich um 21,5% anstieg. Auf der Grundlage dieser Zahlen ergeben sich Schätzungen, die besagen, dass zwischen den Jahren 2003 und 2050 die Gesamtbevölkerungszahl um 9,0% sinken wird. Gleichzeitig sollen dabei die Zahl der 29-65 Jahre alten Menschen um 19,7% sinken, während die Zahl der 90 Jahre und älteren Menschen um 218,4% weiter ansteigen wird (vgl. Bundesministerium für Familie, Senioren, Frauen und Jugend 2005, S. 35).An dieser Stelle sei allerdings zu betonen, dass es sich lediglich um Schätzzahlen handelt, die m. E. nicht als tatsächlich eintretender Wandel betrachtet werden dürfen. Denn niemand kann heute schon mit Sicherheit wissen, welche Bevölkerungsdichte bzw. –verteilung die Bundesrepublik im Jahr 2050 aufweist. Sollte es jedoch tatsächlich so sein, dass sich diese Schätzzahlen bewahrheiten, hätte dies enorme Auswirkungen auch auf Altenpflegeheime. Denn mit steigenden Zahlen alter und hochbetagter Menschen allgemein in Deutschland, würde auch die Zahl der Altenpflegeheimbewohner wohl entsprechend steigen. Schätzzahlen zu Folge bis zum Jahr 2050 auf 3,2 bis 5,9 Millionen Menschen (vgl. Roloff, 2003, S. 58).
Dies würde im Rahmen dieser Thesis bedeuten, dass es nicht nur aktuell und generell von Bedeutung wäre zu wissen, ob beruflich im Kontext Altenpflegeheim tätige Personen wissen, welchen Bedarf Altenpflegeheimbewohner an ihr Leben und an die Institution Altenpflegeheim haben. Es wäre auch vor allem zukünftig bei Bewahrheitung der Schätzzahlen von hoher Bedeutung, sich mit dieser Frage zu befassen, da steigende Zahlen von Altenpflegeheimbewohner auch steigende Zahlen

einzelner Personen mit unterschiedlichen Bedürfnissen mit sich bringen. Diese Bedürfnisse zu kennen, sollte die Grundlage sein, die eigenen Arbeitsinhalte auf die jeweiligen Bewohner und deren Bedürfnisse abzustimmen und somit diesen mit größtmöglicher Wahrscheinlichkeit gerecht zu werden. Bei steigenden Zahlen von Altenpflegeheimbewohnern würde dies eine enorme Herausforderung bedeuten, nicht nur diese zu versorgen, zu betreuen, sondern auch als Individuen wahrzunehmen und ernst zu nehmen bei gleichzeitiger Gefahr von oft propagiertem Fachkräftemangel, vermuteter Bettenknappheit und der Einhaltung strenger Qualitätskriterien. Vielleicht ist der demographische Wandel, wenn er denn im vermuteten Maße auftritt, auch ein Anstoß zum Umdenken in Bezug auf neue Lebensformen oder Berufsgruppen. Diese Aspekte sollen allerdings ebenfalls erst in Kapitel 6 diskutiert werden.

Im Folgenden soll nun der aktuelle Forschungsstand dargestellt werden.

2.2 Aktueller Forschungsstand

Hinsichtlich des aktuellen Forschungsstandes gibt es zwei zentrale Forschungsprojekte, die im Rahmen dieser Thesis thematisch von Interesse sind und an dieser Stelle kurz dargestellt werden sollen. Auch hier besteht aus Kapazitätsgründen kein Anspruch auf Vollständigkeit, da dies den Rahmen dieser Thesis überreizen würde. Es soll lediglich ein Einblick gegeben werden.

Besonders spannend ist im Kontext dieser Thesis eine bereits 2003 abgeschlossene Forschungsarbeit von Ursula Koch-Straube mit dem Titel „Fremde Welt Pflegeheim". Darin beschäftigt sie sich anhand teilnehmender Beobachtungen mit den unterschiedlichen Personen, die sich im Altenpflegeheim bewegen, d.h. sowohl mit den Bewohnern als auch mit den verschiedensten Mitarbeitern, Besuchern und Angehörigen. Dabei hält sie Stimmungen, Meinungen, Dialoge, aber auch strukturelle Beobachtungen und deren Auswirkungen auf die verschiedenen Personengruppen fest. Der stärkste Fokus ihrer Forschung liegt aber anhand ihrer zahlreichen teilnehmenden Beobachtungen vor Ort auf der Interaktion zwischen Bewohnern und Personal, aber auch zwischen Bewohnern untereinander. Ihre erhobenen Daten geben zunächst einen tiefen Einblick, in welchen Facetten sich Altenpflegeheimbewohner im ständigen Disput zwischen ihrer eigenen Individualität und der gleichzeitigen Unterordnung an die gegeben Altenpflegeheimstrukturen befinden können. Weiterhin wird doch auch sehr deutlich hervorgehoben, welchen Einfluss besonders das Pflegepersonal auf eine autonome Lebensführung der Altenpflegeheimbewohner haben kann, welche Chancen und Grenzen sie ihnen geben und setzen können (vgl. Koch-Straube, 2003, S.166).

Die Forschung Koch-Straubes ist für diese Thesis deshalb als spannend zu betrachten, da sie den Blick einer außenstehenden Person auf Altenpflegeheimbewohner und deren Umfeld darstellt. Koch-Straube beobachtet sehr intensiv und geht besonders auch auf Konfliktsituationen bzw. –erzählungen ein und bildet sich dazu eine Meinung. Vor allem beobachtet sie auch die strukturellen Gegebenheiten eines Altenpflegeheims und die damit aus ihrer Sicht stark hervortretende Abhängigkeit der Bewohner von der Institution Altenpflegeheim und deren Strukturen. So schreibt sie: „Die Essenszeiten und die Phasen des Aufstehens und Zubettgehens sind geregelt. Es gibt Speisepläne, Sitzordnungen, Badepläne, Medikamentenpläne, Spritzenpläne und Wochenpläne für die Gemeinschaftsaktivitäten, auf die die BewohnerInnen nur punktuell Einfluß üben können" (Koch-Straube, 2003, S. 164). Aus diesem Zitat wird deutlich, wie stark Koch-Straube die Unterordnung der Bewohner in einem Altenpflegeheim positioniert und welch wenige Möglichkeiten der eigenständigen Lebensführung, bzw. um es mit Maslow zu sagen, der Selbstaktualisierung sie in diesem Kontext für alte und hochbetagte Menschen sieht. Diesbezüglich ist es m. E. sicherlich auch spannend, anhand des erhobenen Datenmaterials dieser Thesis zu vergleichen, ob die jeweils befragten Personen von sich aus ähnliche Aussagen und Ansichten äußern, wie Koch-Straube oder sich diese möglicherweise auch vollkommen unterscheiden. Dies wird ebenfalls ein Part der Diskussion zwischen Theorie und empirischen Daten in Kapitel 6 sein.

Ebenfalls spannend ist eine Studie von Sabine Josat aus dem Jahr 2010 mit dem Titel: „Qualitätskriterien in der stationären Altenpflege: - aus Sicht der Bewohner und Angehörigen". Ihre Studie befasst sich eingehend anhand leitfadengestützter Interviews einerseits mit den Bedürfnissen und Wünschen von Altenpflegeheimbewohnern, andererseits aber auch mit den Bedürfnissen und Wünschen von deren Angehörigen, die ihr Familienmitglied aus unterschiedlichen Gründen in ein Altenpflegeheim übergeben haben. Als ein entscheidendes Ergebnis dieser Studie formuliert Josat, dass vor allem das Streben nach Autonomie als Grundbedürfnis der Bewohner manifestiert werden kann (vgl. Josat, 2010, S. 183). Gerade dieses Ergebnis ist für diese Thesis von entscheidendem Interesse. Denn es stellt einerseits das dar, was Maslow bereits in seiner Bedürfnispyramide mit dem Begriff der Selbstaktualisierung formuliert. Andererseits ist es auch spannend zu betrachten, ob sich die Ergebnisse Josats tatsächlich auch mit den Aussagen der im Rahmen dieser Thesis zu befragenden Probanden decken oder ggf. auch unterscheiden. Auch dies wird erst im sechsten Kapitel dieser Thesis entsprechend verglichen und diskutiert.

Im folgenden Kapitel soll nun der Gegenstandsbereich dieser Thesis ausführlich thematisiert werden.

3. Gegenstandsbenennung

Die Gegenstandsbenennung im Rahmen eines Forschungsprojektes befasst sich besonders mit der Abgrenzung des zu Erforschenden. Diese Abgrenzung geschieht zunächst am Gegenstandsbereich, indem die genaue Zielgruppe definiert wird. Weiterhin wird der Feldzugang durch die Festlegung, wie und besonders wo die Zielgruppe am effektivsten zu erforschen ist, abgegrenzt. Letztlich ebenfalls abgegrenzt werden einerseits der zeitliche Rahmen, innerhalb dessen etwas erfasst werden soll, andererseits der zeitliche Rahmen, der erfasst werden soll. (vgl. Atteslander, 2008, S. 33).

In Bezug auf die hier zu behandelnde und bereits genannte Forschungsfrage lässt sich der Gegenstandsbereich bereits klar abgrenzen. Dieser setzt sich zusammen aus vier Personen unterschiedlicher Positionen, die sich alle im Kontext Altenpflegeheim bewegen. Dabei werden diese Positionen, wie bereits eingangs erwähnt, in Bezug auf deren Unterschiedlichkeit und Vielfalt ebenfalls abgegrenzt und definiert, woraus sich eine Zusammensetzung des Gegenstandes aus einem Altenpflegeheimbewohner, einer Heimleiterin, einer Pflegedienstleiterin und einem Mitarbeiter des MDK ergibt. Dabei liegt der Fokus besonders auf dem Vergleich der unterschiedlichen Erfahrungen und Perspektiven der verschiedenen Positionen in Bezug auf deren Einschätzung zum Bedarf von Altenpflegeheimbewohnern. In diesem Zusammenhang darf aber nicht vergessen werden, dass sich alle vier verschiedenen Positionen in einem gemeinsamen Kontext, dem Altenpflegeheim, bewegen. Aus diesem Grund

„gehört der institutionelle Kontext zum Feld dazu und muss als solcher gesondert erschlossen werden. Die Personen, die es zu befragen gilt, teilen – auch wenn sie sich untereinander nicht kennen – bestimmte Erfahrungen, sind bestimmten institutionellen Prozeduren, bestimmten Hoffnungen, Enttäuschungen und Demotivierungen ausgesetzt und unterliegen bestimmten institutionellen Regeln, die es als solche zu rekonstruieren gilt" (Przyborski/Wohlrab-Sahr, 2009, S. 54f.).

Auf diesen spannenden, die zu befragenden Personen verbindenden Aspekt soll allerdings erst im folgenden Kapitel näher eingegangen werden. Jedoch sollte in diesem Zusammenhang auch betont werden, dass der Gegenstandsbereich nicht bereits zu Beginn der Forschung detailliert fixiert werden kann, sondern zunächst als Forschungsbasis betrachtet werden sollte, da er sich im Forschungsverlauf grundsätzlich durch neue Erkenntnisse oder weitere zu befragende Personen jederzeit erweitern oder anderweitig bestimmen lassen kann (vgl. Przyborski/Wohlrab-Sahr, 2009, S. 56).

Im folgenden Kapitel liegt nun der Fokus auf der Methodenvielfalt, -wahl und -umsetzung hinsichtlich des Samplings, der Datenerhebung, der Transkription und der Datenanalyse.

4. Methode

Die nun folgende Darstellung der Methodenwahl und Methodenumsetzung wurde bewusst in drei separate Darstellungen strukturiert, um die verschiedenen Forschungsschritte und deren Umsetzung voneinander abzugrenzen. In diesem Zusammenhang legt die Forscherin besonderen Wert darauf, nicht lediglich die angewandte Methode und deren konkrete Umsetzung darzustellen, sondern diese je zunächst theoretisch zu beleuchten, mögliche Alternativen aufzuzeigen und die Wahl der letztlich angewandten Methode entsprechend zu begründen. So befasst sich die Darstellung zunächst umfassend mit möglichen Samplingverfahren und der aus später genannten Gründen gewählten Methode des Snowball-Samplings. Darauf folgend liegt der Fokus auf der Datenerhebung. Schwerpunkt dieses Kapitels sind Wahl und Umsetzung offener Leitfadeninterviews. Einen besonderen Part erhält in diesem Kontext das sogenannte Postskriptum, worauf im Folgenden noch explizit eingegangen wird. Abschließend befasst sich die Forscherin mit dem Auswertungsverfahren der qualitativen Inhaltsanalyse, wobei auch dieses zunächst theoretisch dargestellt werden soll, bevor die tatsächlichen Auswertungen und Ergebnisse der bereits erwähnten Leitfadeninterviews erst im darauf folgenden Kapitel 5 der Datenanalyse konkret behandelt werden sollen.

4.1 Samplingverfahren

Bevor die Datenerhebung eines Forschungsprojektes beginnen kann, gilt es zunächst die Zielgruppe der Erhebung zu erreichen. Dies kann auf diverse Arten geschehen, die im Folgenden näher beschrieben werden und sich unter dem Begriff des Samplings zusammenfassen lassen. „Der Begriff des Sampling beschreibt in der empirischen Sozialforschung die Auswahl einer Untergruppe von Fällen, d.h. von Personen, Gruppen, Interaktionen oder Ereignissen, die an bestimmten Orten und zu bestimmten Zeiten untersucht werden sollen und die für eine bestimmte Population, Grundgesamtheit oder einen bestimmten (kollektiven oder allgemeineren) Sachverhalt stehen" (Przyborski/Wohlrab-Sahr, 2009, S. 174).

Eine Variante des Samplings ist das Verfahren des Theoretical Samplings, welches die Besonderheit aufweist, sich im Vergleich zu anderen Samplingverfahren nicht gleich zu Beginn des Forschungsprojektes zu manifestieren. Es kann vielmehr als ein fortlaufender Prozess betrachtet werden. Das Theoretical Sampling steht in engem Zusammenhang zur Forschungsmethode der Grounded Theory, welche den Fokus weg von dezidiert aufeinander folgenden Forschungsabschnitten hin zu einem fortwährenden Wechsel von Datenerhebung und Datenanalyse richtet. „Das Theoretical Sampling ist (dabei) ein Verfahren, [,]bei dem sich der Forscher auf einer analytischen Basis entscheidet, welche Daten als nächstes zu erheben sind und wo er diese finden kann" (Przyborski/Wohlrab-Sahr, 2009, S. 177). Dieser Wechsel zwischen Datenerhebung und Datenanalyse hat das Ziel, zu relevanten Themen für das Forschungsprojekt eine theoretische Sättigung zu erreichen, d.h. letztlich keine weiteren relevanten Parallelen oder Differenzen des Forschungsmaterials mehr festzustellen, die es noch weiter zu analysieren gälte. (vgl. Przyborski/Wohlrab-Sahr, 2009, S. 177f.). Somit ist die Variante des Theoretical Samplings m.E. zwar ein durchaus umfangreiches aber auch sehr offenes Verfahren, das weitere neue Aspekte eines Forschungsthemas zulässt und einbezieht und somit mehr Raum für zuvor nicht bedachte Inhaltsaspekte schafft und dem Forscher somit möglicherweise zu neuen Blickwinkeln und Erkenntnissen verhilft.

In Bezug auf das hier zu behandelnde Forschungsprojekt lässt sich dennoch festhalten, dass das Theoretical Sampling im Rahmen eines ausführlicheren Forschungsprojektes sicherlich eine spannende und gewinnbringende Variante darstellen könnte. Für den Umfang einer Masterthesis, welche in diesem Fall lediglich eine Tendenz anhand von vier Interviews aus je einer anderen Perspektive aufzeigen soll, ist die Methode der Grounded Theory und somit auch das Verfahren des Theoretical Samplings nicht möglich, da für eine, wie beschrieben, angestrebten theoretischen Sättigung diese vier Interviews nicht ausgereicht hätten. Weitere vergleichende Interviews wären notwendig gewesen, um die bis dato teilweise sehr differierenden Aussagen aus diesen vier Interviews entsprechend zu sättigen. Diesem Vorhaben hätte jedoch in einem Zeitraum von 16 Wochen Bearbeitungszeit der Masterthesis nicht umfangreich, ausführlich und entsprechend verantwortungsbewusst hinsichtlich des Entwicklungsprozesses zwischen Datenerhebung, Datenanalyse und Theoriebildung nachgegangen werden können. Nichts desto trotz wäre ein umfangreicherer Forschungsprozess zu diesem Thema anhand dieser Methoden sicherlich spannend, erstrebenswert und erkenntnisreich gewesen.

Eine weitere Variante des Samplingverfahrens ist das „Sampling nach bestimmten, vorab festgelegten Kriterien" (Przyborski/Wohlrab-Sahr, 2009, S. 178). Dieses Verfahren bietet sich besonders zur Verknüpfung standardisierter und nichtstandardisierter Datenerhebungen an. Dabei liegt der Fokus meist darauf, dass „Befunde aus standardisierten Erhebungen in einer qualitativen Untersuchung im Hinblick auf die ihnen zugrunde liegenden Mechanismen näher erforscht werden sollen (Przyborski/Wohlrab-Sahr, 2009, S. 180). Für das Samplingverfahren der anschließenden qualitativen Erhebung spielen somit die Erkenntnisse aus der ihr vorangegangenen quantitativen Erhebung hinsichtlich verschiedener Merkmale der Zielgruppe eine entscheidende Rolle. Wurden beispielsweise in einer quantitativen Erhebung mit alten Menschen bestimmte Aussagen, denen es qualitativ nachzugehen gälte, überwiegend von mental orientierten Personen der Pflegestufe 1 getroffen, so würde für die anschließende qualitative Erhebung eben dieser Personenkreis aufgesucht werden. Die Grundlage dieses Samplingverfahrens bildet somit besonders die „Repräsentativität im Hinblick auf die Strukturelemente der jeweiligen Population" (Przyborski/Wohlrab-Sahr, 2009, S. 180) Dieses Verfahren ist m.E. zwar eine sehr strukturierte Form des Samplings, da es auf bereits vorhandenen Datenerhebungen aufbaut, birgt möglicherweise auch die Gefahr, die zu untersuchende Zielgruppe nach sehr eng gesteckten Kriterien auszuwählen, was eventuell nicht genügend Raum für ein offenes Vorgehen und somit auch weitere neue Erkenntnisse zulässt.

Hinsichtlich des hier zu behandelnden Forschungsprojektes wird das Sampling nach bestimmten, vorab festgelegten Kriterien nicht angewandt. Zwar hat sich die Forschungsfrage dieser qualitativen Erhebung u.a. auch aus den Ergebnissen einer vorherigen quantitativen Erhebung herauskristallisiert. allerdings bildet diese quantitative Erhebung nicht die Grundlage der qualitativen Erhebung, sondern war lediglich der Anstoß für dieses Forschungsthema. Die Grundlage des hier zu behandelnden Forschungsthemas bilden weiterhin nicht einzelne intensiver zu erforschende Aussagen einer bestimmten Population der quantitativen Erhebung. Denn die Forschungsfrage der qualitativen Erhebung ist bewusst wesentlich offener gefasst, um weitere neue Erkenntnisse zu gewinnen, statt nur einen bestimmten Themenpart engmaschiger zu hinterfragen.

Die dritte und letzte Form des Sampling, die hier dargestellt werden soll, ist die Variante des Snowball-Samplings. Dieses Verfahren richtet seinen Fokus nicht, wie die zuvor beschriebenen Samplingformen auf die Entwicklung einer Theorie oder auf den Repräsentativitätsgrad einer gewissen Population, sondern auf die Beziehungsstrukturen innerhalb des Forschungsfeldes (vgl. Przyborski/Wohlrab-Sahr, 2009, S. 180). Dabei geht es vor allem darum, durch bereits vorhandene Interviewpartner Empfehlungen weiterer Interviewpartner zu erhalten. Der Vorteil dieses Samplingverfahren ist es, in einem für den Forscher selbst fremden Forschungsfeld Kontakte zu erhalten, die er ohne die Hilfe anderer Interviewpartner als Kontaktperson möglicherweise nicht erhalten würde. Kontaktpersonen öffnen dem Forscher somit Türen zu weiteren wichtigen Akteuren im Feld, was den Zugang des Forschers zum Forschungsfeld entsprechend erleichtern kann. Nachteilig ist aber, dass solche Kontaktpersonen den Forscher ausschließlich an weitere Interviewpartner heranführen können, die die Kontaktpersonen eben auch kennen. Somit bewegt sich der Forscher im Rahmen des Snowball-Samplings immer in einem abgegrenzten Personenkreis. Weiterhin besteht die Gefahr, dass sich bereits interviewte Personen mit noch zu interviewenden Personen über ihre Interviewsituation austauschen und somit den Inhalt der noch zu führenden Interviews möglicherweise beeinflussen. Aus diesem Grund gilt das Snowball-Sampling als hilfreicher Einstieg ins Forschungsfeld, jedoch nicht als ausreichende Methode. Daher lässt sich das Snowball-Sampling durchaus mit anderen Samplingverfahren kombinieren. So kann es sich zunächst als Einstieg in das Forschungsfeld gestalten, bevor es im weiteren Verlauf der Variante des Theoretical Samplings weicht. (vgl. Przyborski/Wohlrab-Sahr, 2009, S. 180f.)

Im Rahmen des hier zu behandelnden Forschungsthemas bietet sich das Snowball-Sampling durchaus an, da sich die Zielgruppe aus vier Personen unterschiedlicher Positionen zusammensetzt, die sich allerdings alle im Kontext Altenpflegeheim bewegen und sich somit kennen. So kann eine der Forscherin bekannte Person den Kontakt zu weiteren der Forscherin unbekannten Personen herstellen. Da es sich im Rahmen dieser Masterthesis, wie bereits angesprochen, lediglich um vier Interviews mit jeweils einer Person aus einer der vorgegebenen Positionen handelt, die aufgrund der zeitlichen Kapazität der Masterthesis lediglich eine Tendenz bilden sollen, statt einen repräsentativen Anspruch zu verfolgen, beschränkt sich die Forscherin bewusst in der Umsetzung ausschließlich auf dieses Samplingverfahren. Auch wenn das Snowball-Sampling in Forschungskontexten lediglich einen Einstieg bildet und nicht als ausreichendes Verfahren betrachtet werden kann, so bilden auch die vier Interviews und deren Analyse lediglich einen Einstieg in das Themenfeld und können es nicht umfangreich darstellen. Sofern die hier zu behandelnde Forschungsfrage in einem größeren Umfang bearbeitet werden würde, so wären nicht nur mehr Interviews verschiedener Personen der genannten Positionen von Nöten, sondern auch ein vertiefender Ablauf des Samplingverfahrens. Somit wäre es in einem Forschungsprojekt größeren Umfangs zu der hier zu behandelnden Forschungsfrage m.E. erstrebenswert, das Snowball-Sampling als Einstieg in das Forschungsfeld zu nutzen und erste Interviews mit den vorhandenen Kontakten zu führen und auszuwerten. Weiterhin wäre ein Übergang des Snowball-Samplings zum Theoretical Sampling denkbar. So könnten Thesen, die sich aus dem ersten Datenmaterial ergeben, im Sinne einer bereits beschriebenen theoretischen Sättigung weiter verfolgt und somit anhand des Interesses einer Theorieentwicklung weitere Interviewpartner akquiriert werden. Somit bliebe nicht nur die Forscherin offen für weitere, durch zusätzliche Interviewpartner angesprochene Aspekte des Forschungsthemas, sondern würde auch ein umfangreicheres Bild der befragten Zielgruppe abbilden.

Im Rahmen dieser Masterthesis beschränkt sich das Samplingverfahren jedoch aus genannten Gründen auf das Snowball-Sampling, dessen konkrete Umsetzung nun im Folgenden erörtert wird.

4.1.1 Methodik des Snowball-Samplings im Rahmen des Forschungsprojektes

Zu Beginn des Samplings wurden durch die Forscherin einige Aspekte festgehalten, die in Frage kommende Interviewpartner nach Möglichkeit erfüllen sollten. So sollten sich die Interviewpartner mindestens zwei Jahre in ihrer für das Interview entscheidenden Position (Heimleitung, Bewohner, etc.) befinden, um die nötige Erfahrung ihrer Position in das Interview einfließen lassen zu können. Weiterhin sollten alle der deutschen Sprache mächtig sein. Besonders der zu interviewende Bewohner sollte zusätzlich altersentsprechend geistig orientiert und gesundheitlich und sprachlich in der Lage sein, eine längere Interviewphase ohne Anstrengung durchzuführen.

Mit diesen Grundgedanken suchte die Forscherin zunächst telefonisch eine Heimleiterin auf, die sie bereits im Rahmen einiger beruflicher Termine kennen gelernt hatte und trug ihr Anliegen vor. Dabei erläuterte sie nicht nur inhaltlich ihr Forschungsanliegen, sondern auch den Wunsch, durch die Heimleiterin an geeignete Kontakte zu Personen zu gelangen, die die genannten Forschungskriterien idealerweise erfüllen sollten. Die Heimleiterin war sofort bereit, einen Termin für ein gemeinsames Interview zu vereinbaren und schlug weiterhin einen aus ihrer Sicht geeigneten Bewohner vor, der sich, wie sie betonte, sehr intensiv und reflektiert mit seiner Situation im Altenpflegeheim auseinander gesetzt habe und auch sprachlich geeignet sei, da er grundsätzlich recht langsam, überlegt, aber deutlich spreche. Weiterhin schlug sie vor, eine befreundete Mitarbeiterin des MDK anzurufen, um deren Interviewbereitschaft zu bitten und ihr die Kontaktdaten der Forscherin zu übermitteln. Den Kontakt zu der Pflegedienstleiterin stellte ebenfalls die Heimleiterin her, allerdings erst eine Woche später direkt nach Beendigung des gemeinsamen Interviews.

Der Heimbewohner wurde durch die Forscherin nicht telefonisch, sondern persönlich aufgesucht, da er laut Heimleiterin aufgrund seiner Hörfähigkeit nur noch mit Mühe telefonieren könne. Aus diesem Grund klopfte die Forscherin direkt an dessen Zimmertür, schilderte kurz ihr Anliegen und wurde umgehend herein gebeten. Nach einem kurzen Gespräch über den Hintergrund und das Anliegen der Forscherin wurde ein gemeinsamer Termin vereinbart. Bereits in diesem Gespräch wies die Forscherin den Bewohner darauf hin, dass das Interview selbstverständlich vertraulich und anonymisiert behandelt und die Tonbandaufnahme entsprechend vernichtet werden würde. Diese Informationen erhielten auch die übrigen Interviewpartner bereits im Vorgespräch.

Der Kontakt zum Mitarbeiter des MDK geschah auf Umwegen. Die bereits erwähnte, mit der Heimleiterin befreundete Mitarbeiterin des MDK war, wie es die Heimleiterin im Anschluss an ihr mit der Forscherin gemeinsam geführtes Interview erzählte, zwar auch zu einem Interview bereit und hatte auch durch die Heimleiterin die Kontaktdaten der Forscherin erhalten. Doch müsse diese zuvor die Genehmigung ihres Arbeitgebers zu diesem Interview einholen, wie die Heimleiterin berichtete. Etwa eine Woche nach dem Interview mit der Heimleiterin erhielt die Forscherin einen Anruf des Vorgesetzten der MDK-Mitarbeiterin. Dieser erfragte äußerst skeptisch das Vorhaben der Forscherin, erkundigte sich eindringlich nach der Anonymität des Interviews und gab an, dieses selbst wahrzunehmen. Aus dieser Aussage ließ sich vermuten, dass er möglicherweise selbst Informationen des MDK im Rahmen des Interviews steuern wollte und diese Verantwortung nicht auf seine Mitarbeiterin übertragen wollte bzw. ihr diesbezüglich eventuell nicht ausreichend vertraute. Dies sind aber lediglich Interpretationen der Forscherin, die sich nicht belegen lassen. Das einzige zuvor in den Grundgedanken der Forscherin festgehaltene Kriterium, das der Mitarbeiter des MDK nur bedingt erfüllte, war die Beherrschung der deutschen Sprache. Er sprach lediglich gebrochen Deutsch und hatte einen starken osteuropäischen Akzent. Da die Forscherin jedoch bedingt durch seine skeptische Haltung gegenüber dem Interview die Befürchtung hatte, nur schwer einen anderen Mitarbeiter des MDK gewinnen zu können, stimmte sie zu, das Interview mit ihm trotzdem durchzuführen. Erschwert wurde durch seine sprachlichen Defizite besonders die Transkription des Interviews, welches zwar seine grammatikalischen Defizite, aber nicht seinen Akzent als solchen widerspiegelt. Eine umgangssprachliche Transkription schloss die Forscherin trotz der Schwierigkeiten der Verschriftlichung seiner Sprache aus, um das Interview nicht zu verfremden. Weiterhin bot er der Forscherin während des Telefonates an, diese zur Durchführung des Interviews an ihrem Arbeitsplatz aufzusuchen, da er einige Tage später beruflich einen Termin in der gleichen Stadt habe. Obwohl die Forscherin einen Termin am Arbeitsplatz des MDK-Mitarbeiters, in der Hoffnung, er fühle sich dort als Gastgeber im Rahmen des Interviews wohler und wäre weniger skeptisch, bevorzugt hätte, nahm sie sein Angebot an. Der Verlauf des Interviews und die Interpretation des Einflusses dieses Interviewortes sind in Kapitel 4.2.2 festgehalten.

Die Pflegedienstleiterin wurde direkt nach Erhalt ihrer beruflichen Kontaktdaten durch die Heimleiterin telefonisch von der Forscherin kontaktiert und über das Forschungsvorhaben informiert. Der besondere Fokus der Forscherin lag dabei auf der Frage des Einverständnisses der Pflegedienstleiterin hinsichtlich des Interviewortes. Die Heimleiterin hatte zuvor vorgeschlagen, das Interview am Arbeitsplatz der Pflegedienstleiterin durchzuführen. Diese Situation ist ebenfalls in Kapitel 4.2.2 ausführlich erläutert. Bereits im telefonischen Vorgespräch hatte sie nichts gegen ein Interview an ihrem Arbeitsplatz einzuwenden und zeigte sich sehr offen und positiv gestimmt gegenüber einem gemeinsamen Interview. Die Pflegedienstleiterin erfüllte wie die übrigen Interviewpartner die Aspekte, die die Forscherin zuvor in ihren Grundgedanken festgehalten hatte.

Zusammenfassend lässt sich festhalten, dass sich das Snowball-Sampling als idealer Einstieg im Rahmen dieses Forschungsvorhabens erwiesen hat, wobei dies besonders auf die hervorragend gewählten Kontakte der Heimleiterin zurückzuführen ist. Alle vier Interviewpartner erfüllten, abgesehen von den sprachlichen Defiziten des MDK-Mitarbeiters, die Kriterien der Forscherin. Auch lässt sich festhalten, dass alle Interviewpartner sich entsprechend kompetent zeigten und die Interviewfragen überwiegend umfangreich und vielschichtig beantworteten. Sofern aber einer oder mehrere Interviewpartner die Aspekte der Forscherin nicht erfüllt oder sich im Interview nicht ausreichend kompetent gezeigt hätten und das Interview damit nicht oder nur vermindert brauchbar gewesen wäre, so wäre durchaus auch ein Wechsel vom Snowball-Sampling zum Theoretical Sampling denkbar gewesen. Dieser war jedoch aufgrund der hervorragenden Kontaktvermittlung der Heimleiterin nicht nötig, wäre aber eine mögliche Alternative gewesen.
Im Folgenden soll nun der Fokus auf der Datenerhebung, deren Vorbereitung und Umsetzung und besonders dem Postskriptum, d.h. der Darstellung der

Interviewsituation und den Beobachtungen, die sich nicht in der Transkription des Interviews wiederfinden, gerichtet werden.

4.2 Datenerhebung

Die qualitative Datenerhebung bietet eine große Menge verschiedenster Methoden, die je nach Schwerpunkt der Forschungsfrage als geeignet oder ungeeignet erachtet werden können. Aus Kapazitätsgründen sollen an dieser Stelle nur einige Methoden genannt und mit der hier zu behandelnden Forschungsfrage in Bezug gesetzt werden.

Allgemein lassen sich qualitative Verfahren im Hinblick auf die Datenerhebung zwischen Beobachtung- und Interviewformen unterscheiden. Beobachtungen bieten sich besonders dann an, „wenn Bereiche so tabuisiert oder von der Öffentlichkeit abgeschlossen (z.B. geheimnisbehaftet) sind, dass eine direkte Befragung über diese Sache nicht möglich wäre. Oder wenn es um Bereiche geht, in denen der Charakter der zu untersuchenden Sache grundlegend verändert würde, wenn man sie bewusst machte, indem man darüber spräche" (Przyborski/Wohlrab-Sahr, 2009, S. 21). Da die hier zu behandelnde Forschungsfrage allerdings auf konkrete Aussagen einzelner Personen aus verschiedenen Positionen und deren Vergleich zielt, scheint in diesem Kontext die Erhebung anhand von Interviews sinnvoller. Hinzu käme der Schwierigkeitsgrad, im Rahmen einer Beobachtung über beobachtete Interaktionen der verschiedenen Positionen nur schwer an deren persönliche Ansichten und Aussagen zu gelangen. Jedoch sollte auch die Entscheidung für eine Befragung nochmals anhand der Forschungsfrage und des Forschungsgegenstandes differenziert werden. Somit sollte man sich fragen, ob das zu erforschende Phänomen sinnvoller Weise durch Interviews mit Einzelpersonen oder durch interaktive Interviewformen, wie beispielsweise der Gruppendiskussion, erforscht werden sollte (vgl. Przyborski/Wohlrab-Sahr, 2009, S. 23). Nach eingehender Rücksprache mit dem zuständigen Erstprüfer kam die Forscherin zu dem Schluss, dass beide Formen des Interviews in ergänzender Weise sinnvoll sein könnten. Doch dazu später mehr.

Die erste Form des Interviews, die hier kurz vorgestellt werden soll, ist das narrative Interview. Dabei liegt der Fokus sehr stark auf der Erzählung von Erlebtem des Interviewten und auf der damit verbundenen Abgrenzung von der Beschreibung und der Argumentation des Interviewten in anderen Interviewformen. Fritz Schütze, der Begründer des narrativen Interviews, geht davon aus, dass die Erzählung eines Sachverhaltes „der Reproduktion der kognitiven Aufbereitung des erlebten Ereignisablaufs am nächsten kommt. Die Struktur der Erfahrung – so die These – reproduziert sich in der Struktur der Erzählung, während andere Formen der Sachverhaltsdarstellung – wie das Beschreiben oder das Argumentieren – in größerer Distanz zu dieser Erfahrung stehen" (Przyborski/Wohlrab-Sahr, 2009, S. 93). Das narrative Interview eignet sich also nur dann, wenn im Hinblick auf die Forschungsfrage autobiographische, d.h. eigens erlebte Erfahrungen erzählt werden können. Allerdings eignet es sich nicht in Forschungskontexten, in denen von Interviewten erwartet wird, Sachverhalte zu bewerten oder zu reflektieren. (vgl. Przyborski/Wohlrab-Sahr, 2009, S. 95)

Da im Rahmen der Forschungsfrage der Fokus auf der jeweiligen aus der eigenen Position heraus reflektierten Einschätzung der Interviewpartner zum Bedarf von Altenpflegeheimbewohnern liegt, eignet sich das narrative Interview in diesem Falle nicht.

Eine weitere Interviewform ist die Gruppendiskussion, die, wie der Begriff bereits verrät, nicht mit Einzelpersonen, sondern mit mehreren Personen, die zu einem bestimmten Thema alle etwas beitragen können, geführt wird. Dabei geht es häufig darum, dass Fragen zu bestimmten Themeninhalten von den Teilnehmern der Gruppendiskussion nacheinander beantwortet werden, wobei der Untersuchungsgegenstand nicht die Teilnehmer und deren Interaktionen, sondern deren ausgesprochenen Meinungen und Ansichten sind (vgl. Przyborski/Wohlrab-Sahr, 2009, S. 102). Aus diesem Grund eignet sich die Gruppendiskussion dementsprechend nicht für Interviewkontexte, in denen es um „individuelles Handeln, individuelle Biographien, Entscheidungsprozesse oder Haltungen" (Przyborski/Wohlrab-Sahr, 2009, S. 106) geht.

Im Falle der hier zu bearbeitenden Forschungsfrage ist die Gruppendiskussion durch die Forscherin als durchaus spannende, aber lediglich ergänzende Form der Erhebung zu betrachten. Denn besonders ein Vergleich der verschiedenen Perspektiven der Personen unterschiedlicher Positionen aus Einzelinterviews und einer gemeinsamen Gruppendiskussion wäre m. E. durchaus sehr spannend. An dieser Stelle soll allerdings nichts weiter vorweg genommen werden. Aus diesem Grund wird auf das Thema der Gruppendiskussion in Bezug auf die Umsetzung der hier zu behandelnden Forschungsfrage erst in Kapitel 4.2.1 explizit eingegangen.

Eine andere Art des Interviews ist das Experteninterview, welches sich, wie der Name schon sagt, an Personen richtet, „die über ein spezifisches

Rollenwissen verfügen, solches zugesprochen bekommen und eine darauf basierende besondere Kompetenz für sich selbst in Anspruch nehmen" (Przyborski/Wohlrab-Sahr, 2009, S. 133). Dieses spezifische Wissen beruft sich in der Regel auf drei verschiedene Formen, das Betriebswissen, das Deutungswissen und das Kontextwissen. Somit geht es in einem Experteninterview entweder um institutionelle Zusammenhänge, in die der Experte Einblick gewähren kann oder um seine fachkundige Einschätzung zu bestimmten thematischen Inhalten, durch die er einen gewissen Einfluss auf den Laien ausüben kann, da dieser seine Einschätzung durch seinen Expertenstatus meist als qualitativ hochwertig betrachtet. Im Zuge des Kontextwissens hingegen geht es jedoch primär darum, Wissen über andere zu untersuchende Gegenstände oder Personen zu erhalten, die aus der Perspektive einer anderen Person betrachtet werden sollen. Entscheidend für diese Form des Interviews ist es, dass der Forscher sich auf Augenhöhe des zu interviewenden Experten begibt, sich über dessen Position informiert und sich fachlich vorbereitet. Das Interview selbst wird meist in Form eines Leitfadeninterviews konstruiert, wobei sich dieser in der Regel aus verschiedenen Sachfragen zusammensetzt, die sich aus dem Forschungsinteresse des Forschers ergeben. (vgl. Przyborski/Wohlrab-Sahr, 2009, S. 133-138)

Im Hinblick auf die hier zu behandelnde Forschungsfrage ist auch die Methode des Experteninterviews als durchaus spannend und umsetzbar zu erachten, denn sowohl der Bewohner, als auch die Heimleiterin, die Pflegedienstleiterin und der MDK-Mitarbeiter sind bezogen auf ihre jeweilige Position mit Sicherheit als Experten zu betrachten. Sie bringen aus ihrer eigenen Rolle sowohl Betriebs-, Deutungs-, als auch Kontextwissen mit und eignen sich somit grundsätzlich hervorragend für ein Experteninterview. Allerdings stellt sich hier die Frage, ob die Methode des Experteninterviews an sich als die Methode erachtet werden kann, mit der die Forschungsfrage auf die sinnvollste und umfassendste Weise operationalisiert werden kann. Bedenken entstehen in Bezug auf die Erstellung des Leitfadens und die Frage, ob dieser im Rahmen eines Experteninterviews offen genug gehalten werden kann, um weitere durch die Interviewten eingebrachte Aspekte zu berücksichtigen oder ob er nicht zu stark vorstrukturiert ist und somit den Interviewten wenig Raum für solche weiteren Aspekte gibt. Da sich die Datenerhebung möglichst offen gestalten soll, wird diese Methode in diesem Rahmen keine Verwendung finden, da es zur Erreichung dieses Ziels eine geeignetere Methode gibt, der sich dieses Kapitel nun widmen wird.

Die letzte hier vorzustellende Interviewvariante ist das offene Leitfadeninterview, welches sich besonders für recht eng formulierte Forschungsfragen eignet. Doch ist auch bei thematisch eng abgegrenztem Forschungsinteresse darauf zu achten, ein solches Interview grundsätzlich von allgemeinen zu spezifischen Fragen zu gestalten und gezielte Fragen am Ende des Interviews zu platzieren. Somit bietet es sich auch an, besonders die Einstiegsfrage vorzugsweise narrativ zu wählen und dem Interviewten durch dieses Vorgehen die Möglichkeit zu bieten, sich in einen Erzählfluss zu begeben. Auf diese Weise umgeht man die Gefahr, die einzelnen Fragen des sowieso schon eng begrenzten Forschungsinteresses ebenfalls so eng zu formulieren, dass auch die Antworten des Interviewten gleichermaßen eng und knapp ausfallen und somit weitere wichtige und spannende Aspekte des Themas, die der Interviewte in einem gewissen Erzählfluss hätte berichten können, verloren gehen. Weiterhin ist es im Rahmen dieser Erhebungsmethode äußerst wichtig, mit dem zuvor erstellten Leitfaden offen umzugehen. „Wenn Problemzusammenhänge angesprochen werden, die im Leitfaden ursprünglich gar nicht vorgesehen waren, für den Interviewten aber von offensichtlicher Relevanz sind, sollte man darauf eingehen und ggf. das Themenspektrum erweitern" (Przyborski/Wohlrab-Sahr, 2009, S. 142f.). Diese Vorgehensweise bewahrt den Forscher möglicherweise davor, wichtige aber durch ihn zuvor nicht bedachte Aspekte auszuschließen und somit sein zu erforschendes Themenfeld nur bruchstückhaft zu bearbeiten. Diese offene Vorgehensweise ist nicht zuletzt auch im Hinblick auf die an die Datenerhebung anschließende Auswertung des Datenmaterials von hoher Bedeutung. Denn es geht „beim offenen Leitfadeninterview in dem hier vorgestellten Sinne nicht allein darum, verschiedene Antworten auf dieselbe Frage zu vergleichen (…) sondern es geht darum, bestimmte Sachverhalte und Problemsichten in ihrem situativen Kontext und ihrem Sinnzusammenhang zu verstehen bzw. zu rekonstruieren" (Przyborski/Wohlrab-Sahr, 2009, S. 143)

In Bezug auf die eng formulierte Forschungsfrage und das gleichzeitige Ziel einer offenen Interviewstruktur zum Einbezug für die Interviewten relevanten, zuvor durch die Forscherin aber nicht bedachten Aspekte, scheint die Methode des offenen Leitfadeninterviews für die Implementierung der Forschungsfrage am geeignetsten zu sein. Sie bietet besonders im Hinblick auf die Strukturierung des Leitfadens dem Interviewten die Möglichkeit, in einen gewissen Erzählfluss zu gelangen und das Forschungsthema aus seiner ganz eigenen Perspektive in seinen ganz eigenen Relevanzen möglichst umfassend darzustellen, statt lediglich stark vorformulierte Fragen zu beantworten, deren Antworten womöglich nicht alle Aspekte seiner

Sichtweise wiedergeben würden. Aus diesem Grund eignet sich aus Sicht der Forscherin die Methode des offenen Leitfadeninterviews hervorragend, um die qualitativ ergiebigsten Inhalte aus den Interviews zu erhalten und sich dem Forschungsthema so uneingeschränkt wie möglich zu nähern. Die Umsetzung dieser Methode vor dem Hintergrund der hier zu behandelnden Forschungsfrage wird nun im folgenden Kapitel explizit dargestellt.

4.2.1 Methodik des offenen Leitfadeninterviews im Rahmen des Forschungsprojektes

Zu Beginn der Datenerhebung bestand die Grundüberlegung der Forscherin nach Absprache mit deren Erstprüfer darin, zunächst zwei Varianten der Datenerhebung, offene Leitfadeninterviews für Gespräche mit allen vier Einzelpersonen und eine gemeinsame Gruppendiskussion mit den gleichen Personen, durchzuführen und deren Verwendung für die Datenanalyse anhand der inhaltlichen Ergebnisse des Datenmaterials zu entscheiden. Somit erstellte die Forscherin zunächst Leitfäden zu beiden Interviewvarianten. Hinsichtlich der vier offenen Leitfadeninterviews wurde wie folgend dargestellt, ein Leitfaden separat für das Interview mit dem Bewohner erstellt, während für die drei weiteren Interviewpartner hingegen ein identischer Leitfaden erstellt wurde. Dies geschah vor der Grundüberlegung, dass sich sowohl die Heimleiterin, als auch die Pflegedienstleiterin und der Mitarbeiter des MDK alle aus beruflichen Gründen im Kontext Altenpflegeheim bewegen, wenn auch mit verschiedenen Aufgabeschwerpunkten. Doch verbindet sie alle ihr beruflicher Zugang zum Kontext und die Tatsache, dass sie sich nach Dienstschluss privat aus dem Kontext Altenpflegeheim entfernen und ihre Privatzeit außerhalb dessen verbringen können. Hingegen bewegt sich der Bewohner ausschließlich privat in diesem Kontext und das rund um die Uhr. Er hat keinen beruflichen Zugang mehr, da er sich im Rentenalter befindet. Auch hat er meist keinen eigenen Privatraum außerhalb des Altenpflegeheims mehr, in den er sich am Abend zurückziehen kann. Das vor dem Einzug in ein Altenpflegeheim bewohnte Haus wurde vielleicht verkauft, die zuvor bewohnte Wohnung eventuell weiter vermietet o. ä.. Tatsache ist, das Altenpflegeheim ist der Privatraum des Bewohners geworden. Das unterscheidet ihn ganz erheblich von den übrigen drei Interviewpartnern. Denn das Altenpflegeheim ist für ihn nicht sein berufliches Umfeld, sondern sein privater Lebensmittelpunkt. Er kann sich nicht in dem Maße von der Institution entfernen, wie es die übrigen Interviewpartner durch Schichtende, Urlaubszeit, etc. können. Er lebt dort und wird aller Wahrscheinlichkeit auch dort sterben und hat eine vollkommen andere Position als jemand, der sich beruflich in diesem Kontext bewegt. Aus diesem Grund erhält er eben auch einen anderen Interviewleitfaden, der sich wie folgt gestaltet:

Interview Bewohner

Leitfadenfrage	Mögliche Rückfragen
Wie kam es dazu, dass Sie in dieses Heim eingezogen sind?	Seit wann leben Sie hier? Haben Sie sich im Vorfeld über das Heim informiert? Haben Sie sich im Vorfeld über andere Heime informiert?
Was ist Ihnen hier im Heim besonders wichtig?	Haben Sie nette Zimmernachbarn? Besuchen Sie Angebote des Heims? Wie kommen Sie mit dem Personal zurecht? Bekommen Sie Besuch von Personen, die nicht in diesem Heim leben?
Fällt Ihnen noch etwas ein, was Sie mir noch erzählen möchten?	

Die Einstiegsfrage richtet ihren Fokus bewusst auf biographische Informationen, verbunden mit der Phase des Heimeinzugs einerseits um etwas über den persönlichen Hintergrund des Interviewpartners zu erfahren und seine weiteren Aussagen möglicherweise in Verknüpfung mit seinen biographischen Erzählungen interpretieren zu können, andererseits um ihm den Einstieg in das Interview durch das Erzählen erlebter Erfahrungen zu erleichtern. Die dargestellten Rückfragen sind zunächst durch die Forscherin als Stütze für den Interviewpartner gedacht, sofern er Verständnisprobleme aufweist, oder zu Beginn nicht weiß, was er erzählen soll.
Die zweite Frage ist ebenfalls bewusst offen gehalten, um dem Bewohner viel Raum für seine Antwort zu geben und den Themenbereich nicht von Beginn an zu stark einzugrenzen. Die dargestellten Rückfragen erfüllen ebenfalls den bereits genannten Zweck der Stütze des Interviewpartners im Falle möglicher Erzählschwierigkeiten.
Die dritte Frage soll vor allem dem Interviewten Raum bieten, das Interview nach seiner Interessenslage abzuschließen und bietet somit auch abschließend viel Raum, um möglicherweise weitere, durch die Forscherin nicht bedachte Themenbereiche anzusprechen. Diese offene Form des Leitfadens soll besonderen Raum für die Perspektive des Bewohners bieten und gleichzeitig den Blick der Forscherin für weitere, selbst nicht bedachte Aspekte des Themenbereiches öffnen.

Strukturell betrachtet gestaltet sich der Leitfaden für die anderen drei Interviewpartner ebenfalls aus den gerade genannten Gründen entsprechend offen und setzt sich wie folgt zusammen:

Interview Heimleitung, Pflegekraft, MDK-Mitarbeiter

Leitfadenfrage	Mögliche Rückfragen
Wie kam es dazu, dass Sie ihren heutigen Beruf ausüben?	Seit wann arbeiten Sie in diesem Beruf? Welche Ausbildung haben Sie gemacht? Welche Beweggründe hatten Sie, diesen Beruf auszuüben?
Welchen Bedarf sehen Sie aus dem Blickwinkel Ihres Berufes bei Altenpflegeheimbewohnern und wie begegnen Sie diesem im Rahmen Ihres Berufes?	Gibt es konkrete Situationen mit Bewohnern, an die Sie sich erinnern? Stellen Sie Erleichterungen oder Barrieren im Umgang mit den Wünschen der Bewohner fest?
Welchen Bedarf haben Sie im Kontext Altenpflegeheim?	Wo wird die Durchführung Ihres Berufes erleichtert, wo erschwert? Wo sehen Sie Handlungsbedarf?
Wie sehen Sie den zukünftigen Bedarf der Bewohner aber auch vor dem Hintergrund des demographischen Wandels, der an Altenpflegeheime gestellt wird und was braucht es aus Ihrer Sicht, diesem Bedarf gerecht zu werden?	Inwieweit verändert sich die Zielgruppe alter und hochbetagter Menschen auch im Altenpflegeheim (agiler, anspruchsvoller, etc?) Wie sehen Sie die ansteigende Zahl alter und hochbetagter Menschen in Deutschland und welche Folgen sehen Sie diesbezüglich für den Kontext Altenpflegeheim?
Fällt Ihnen noch etwas ein, was Sie mir noch erzählen möchten?	

Die Einstiegsfrage richtet ihren Blick auch hier zunächst auf die Aufforderung biographischer Erzählungen, ist aber dabei bewusst besonders auf den beruflichen Kontext fokussiert, damit sich der jeweilige Interviewpartner von Beginn an in seiner beruflichen Position angesprochen fühlt und aus dieser heraus die weiter folgenden Fragen betrachtet. Ein weiterer Hintergrund zur Wahl dieses Einstiegs ist jedoch ebenso wie bei dem Bewohnerinterview die Möglichkeit, diverse Aussagen der Interviewpartner in Verknüpfung mit deren biographischen Informationen eventuell interpretieren zu können. Die dargestellten Rückfragen sollen auch im Rahmen dieses Interviewleitfadens zunächst als Stütze für den jeweiligen Interviewpartner dienen, sofern auch diese eventuell Verständnis- oder Erzählprobleme aufweisen.

Die zweite Frage richtet ihren Fokus gezielt auf das Thema der hier zu behandelnden Forschungsfrage, d. h. auf die Einschätzung des jeweiligen Interviewpartners hinsichtlich des Bedarfs von Altenpflegeheimbewohnern. Dabei wird in der Frage selbst bewusst formuliert, dass die interviewte Person dieses Themenfeld aus ihrer beruflichen Sichtweise heraus einschätzen und weiterhin ihren eigenen Umgang damit reflektieren soll. Diese Formulierung soll einerseits dem Interviewten signalisieren, dass er durch die Forscherin als fachlich kompetente Person wahrgenommen wird. Andererseits soll er auch durch diese Formulierung dazu gebracht werden, besonders bereits erlebte berufliche Situationen vor dem geistigen Auge zu reproduzieren und sich selbst in seiner beruflichen Vorgehensweise zu betrachten und zu reflektieren. Die dargestellten Rückfragen gelten auch an dieser Stelle als entsprechende Stütze.

Die darauf folgende Frage befasst sich bewusst mit dem eigenen Bedarf des jeweiligen Interviewpartners. Einerseits soll somit erreicht werden, dass der Interviewte seine eigene berufliche Situation reflektiert, sich in dieser durch die Forscherin ernst genommen fühlt und möglicherweise somit auch kritische Aspekte in diesem Kontext anspricht. Weiterhin soll er durch den Bezug zu sich selbst im Idealfall auch eine Verknüpfung zum Bewohner und dessen Bedarf aufbauen, indem er sich nicht nur selbst als Mensch mit Bedürfnissen wahrnimmt, sondern dies auch auf den Bewohner überträgt und somit seine Einschätzung des Bedarfes von Altenpflegeheimbewohnern aus einem anderen Blickwinkel erneut reflektieren kann.

Die dritte Frage soll letztlich den Themenbereich aus politischer Perspektive vor dem Hintergrund des demographischen Wandels beleuchten und den Interviewten dazu bringen, das Feld auch von diesem Gesichtspunkt aus zu betrachten und einzuschätzen.

Die letzte Frage hat die gleich Funktion, wie die letzte Frage im Interviewleitfaden für das Bewohnerinterview und soll somit dem jeweils Interviewten entsprechend Raum für eigene Ideen, Anmerkungen und Themenaspekte bieten, um somit weitere durch die Forscherin nicht bedachte Aspekte zuzulassen.

Wie bereits angedeutet, bestand zu Beginn die Idee, eine zweite ergänzende Variante der Datenerhebung in Form der Gruppendiskussion in den Forschungsverlauf einzubeziehen. Diese sollte der Planung nach mit allen vier Personen, mit denen zuvor ein offenes Leitfadeninterview geführt wurde, d.h. dem Altenpflegeheimbewohner, der Heimleiterin, dem Mitarbeiter des MDK und der Pflegedienstleiterin, durchgeführt werden. Auch zu dieser Methode wurde im Vorfeld ein Leitfaden erstellt, der sich wie folgt zusammensetzt:

Gruppendiskussion mit allen (Altenpflegeheimbewohner, Heimleitung, Pflegekraft und MDK-Mitarbeiter)

Ablauf	Notiz
Vorstellungsrunde	Alle Personen, die zuvor bereits an den Interviews teilgenommen haben
Einstiegsimpuls	Bedarf im Altenpflegeheim: Welchen Bedarf sehen Sie bei anderen Personen (Bewohner, Mitarbeiter, Leitung, MDK), welchen Bedarf haben Sie selbst? Wo funktioniert das Miteinander aus Ihrer Sicht, wo nicht? Wo sehen Sie konkret Handlungsbedarf und wo sehen Sie zukünftig Handlungsbedarf?

Der Einstieg in die Gruppendiskussion sollte zunächst über eine Vorstellungsrunde erfolgen, innerhalb derer die einzelnen Personen die Möglichkeit haben, sich selbst vorzustellen und mit den anderen Teilnehmern vertraut zu machen.

Im Anschluss daran sollte ein Einstiegsimpuls durch die Forscherin die Teilnehmer an das Diskussionsthema heranführen. Um die Vielschichtigkeit des Themas zu verdeutlichen, sollte der Einstiegsimpuls verschiedene Aspekte des Themenbereiches beinhalten. Im Anschluss an diesen Impuls sollten die Teilnehmer zunächst nacheinander ihre Einschätzung zu diesem formulieren, bevor eine gemeinsame, durch die Forscherin angeleitete Diskussion entstehen sollte. Weitere Rückfragen wurden im Rahmen des Interviewleitfadens nicht notiert, da sich diese aus Sicht der Forscherin erst situativ aus den Wortbeiträgen der einzelnen Diskussionsteilnehmer ergeben sollten, um der Diskussion inhaltlich einen möglichst offenen Rahmen zu geben, der der Forscherin die Möglichkeit bieten sollte, sich vollständig auf die Einwände und Anmerkungen der Diskussionsteilnehmer einzulassen.

Die Planung der Gruppendiskussion konnte allerdings nicht realisiert werden, da sich die einzelnen Interviewpartner zu einer geplanten anschließenden Gruppendiskussion teilweise sehr kritisch äußerten bzw. ihre Teilnahme an einer solchen Diskussion bereits im Vorfeld verweigerten. Besonders der interviewte Bewohner hatte zu diesem Thema eine klare Einstellung, die er sogar im Rahmen des transkribierten Interviews äußerte: „hm da bin ich sehr ‚kritisch (.) ;auf der einen seite ham wer gesacht ‚anonym ;dort is keiner mehr anonym äh: dort werden die leute äh sich viel vorsichtiger äußern (.) als hier also ich überlege mir ob ich an einem solchen ‚gespräch ?teilnehmen ;möchte [   ]" (Vgl. Interview vom 11. 08. 2011 mit Herrn Jakob, Bewohner Altenpflegeheim. Siehe Anhang, S. 137). Diese Einstellung verdeutlich er weiterhin auf der Grundlage bereits erlebter Erfahrungen anhand eines konkreten Beispiels, das sich in dem Altenpflegeheim abgespielt hat, in dem er zum Zeitpunkt des Interviews ebenfalls lebte: „denn äh: ich habe ich habe mit solchen leuten schon gesprochen mit diesen äh bifa oder wie die heißt weiß ich jetzt nich äh bundesverband ((hhh)) für weiß ich nich die sind hier ins haus gekommen und ham uns befragt ham mit dem heimbeirat gesprochen ham mit der heimleitung gesprochen und so weiter und so weiter und die ham auch so blödsinnige: fragen (.) gestellt die man also nur positiv beantworten konnte und äh ähm also da war also der heimbeirat beteilicht und jeder: hat also seine wahre: meinung nich äh gesagt und auch die fragestellung war so dass also auch nur äh was positives rauskommen konnte also so zum beispiel so äh (...) können sie zwischen äh: den angebotenen speisen im restorang wählen: (.) gibt's nur ein ja denn es gibt zwei wahlmöglichkeiten ((lacht)) also äh äh was sagt eine solche frage aus ne ?gar nichts [   ]" (Vgl. Interview vom 11. 08. 2011 mit Herrn Jakob, Bewohner Altenpflegeheim. Siehe Anhang, S. 137f.). Dieses Fallbeispiel ist deshalb an dieser Stelle so ausführlich dargestellt, da es m.E. deutlich zeigt, welche Wirkung solche Szenarien auf Altenpflegeheimbewohner haben können und wie wichtig für deren zukünftige Teilnahme an weiteren Forschungsvorhaben eine durchdachte Fragestellung, sowie Datenerhebung ist.

Auch die anderen Interviewpartner äußerten sich zu einer anschließenden Gruppendiskussion kritisch, jedoch nicht im Rahmen des Interviews, sondern bereits im Vorgespräch oder im Nachklang des Interviews, welcher nicht mehr per Audiogerät aufgenommen wurde. So betonte die Pflegedienstleitung ebenfalls ihre Bedenken des offenen Sprechens ihrerseits aber auch der anderen Personen im Rahmen einer Diskussion in dieser Personenkonstellation. Zu betonen sei hier aber auch, dass sie besondere Bedenken im Hinblick auf eine gemeinsame Diskussion mit dem Mitarbeiter des MDK hatte. Dies lässt möglicherweise darauf schließen, dass gerade der Mitarbeiter des MDK durch die Pflegedienstleiterin verstärkt als Bedrohung wahrgenommen wird. Zwar betont sie im Interview selbst immer wieder auch die Notwendigkeit MDK, nimmt ihn aber unausgesprochen wahrscheinlich doch als größere Bedrohung wahr, als sie es sprachlich im Interview formuliert. Dies lässt sich besonders an dieser Aussage im Rahmen des Interviews verdeutlichen: „und auch der mdk: hat ja auch seine ‚daseinsberechtigung ;des is ja auch gut dass es den gibt auch wenn er dann immer des ‚schreckgespenst is ;und ins haus kommt und ‚oh gott oh gott ((lacht)) ;also im prinzip hat der ja auch nur ne beratende ‚funktion ;weil es geht ja auch immer darum was zu ‚verbessern ;und um diesen kontinuierlichen verbesserungsprozess zu leisten ne und ich denk wenn mer das von der warte her betrachtet: dann is das auch gar net so: schrecklich ((lacht)) des is gar net so: tragisch" (Vgl. Interview vom 25. 08. 2011 mit Frau Müller, Pflegedienstleiterin Altenpflegeheim. Siehe Anhang, S. 175). Bezüglich der Teilnahme der Heimleiterin, d. h. ihrer Vorgesetzten an einer Diskussion, äußerte sie hingegen keine Bedenken, was zu der Interpretation führen kann, dass zwischen diesen beiden Personen beruflich bereits ein transparenter Umgang bzw. vielleicht sogar eine Vertrauensbasis herrscht.

Der Mitarbeiter des MDK selbst äußerte sich zwar zur Teilnahme bestimmter Personen an der Diskussion nicht kritisch, sondern berief sich auf seinen engen Terminplan und die geringe Zeit, die er dafür aufbringen könne. Ihm war dennoch an seiner gesamten Gestik und Mimik anzumerken, dass er auf die Teilnahme an einer solchen Gruppendiskussion schlicht keine Lust hatte. Hier könnte man interpretieren, dass er die direkte Konfrontation mit den übrigen Beteiligten einer solchen Diskussion und unangenehme Fragen oder Aussagen anderer in Bezug auf seine Funktion scheut und diesen bereits von vornerherein aus dem Weg gehen möchte.

Lediglich die Heimleiterin war die einzige Person, die sich ohne Bedenken bereit erklärte, auch an einer Gruppendiskussion teilzunehmen. Allerdings äußerte auch sie Bedenken, dass sich besonders ein Vertreter des MDK möglicherweise nicht zu einer solchen Diskussion bereit erklärte. Dies lässt vermuten, dass auch die Heimleiterin eventuell ein gewisses Spannungsverhältnis zum MDK wahrnimmt. Ihre persönliche Bereitschaft zur Teilnahme an einer Gruppendiskussion lässt aber eine insgesamt offene und transparente Arbeitsweise ihrerseits vermuten.

Das folgende Kapitel befasst sich nun mit den einzelnen Interviewsituationen.

4.2.2 Postskriptum der Interviewsituationen

Im folgenden Kapitel sollen nun die vier durchgeführten Interviews anhand des Interviewablaufs und der Beobachtungen, die die Forscherin während der Interviews gemacht hat, dargestellt werden, um Eindrücke und Daten festzuhalten, die aus den transkribierten Interviews allein nicht herauskristallisiert werden können. Dabei liegt der Fokus sowohl auf der Umgebung, innerhalb derer das jeweilige Interview stattgefunden hat, als auch auf der Atmosphäre zwischen Interviewer und Interviewtem. Da es sich im Rahmen dieser Masterthesis lediglich um vier geführte Interviews handelt, werden diese aus Gründen der strukturellen Gestaltung und Abgrenzung voneinander in einzelne Unterpunkte gegliedert. Die Gliederung der dargestellten Interviews ergibt sich aus der Reihenfolge, in der sie geführt wurden.

Der Altenpflegeheimbewohner

Das Interview mit dem Altenpflegeheimbewohner fand in seinen persönlichen Räumen statt, die er im Altenpflegeheim bewohnt. Die Räumlichkeiten bestanden aus einem etwa 30 Quadratmeter großen Zimmer mit angrenzendem barrierefreien Bad bzw. einer Nasszelle, wie sie im Kontext Altenpflegeheim häufig definiert wird. Über den m. E. wenig würdevollen Begriff der Nasszelle soll allerdings an dieser Stelle nicht ausführlich diskutiert werden. Das Zimmer selbst verfügte über eine integrierte Küchenzeile, die laut Aussage des Altenpflegeheimbewohners standardmäßig in allen Zimmern des Hauses vorhanden sei. Den übrigen Raum gestaltete der Altenpflegeheimbewohner nach eigener Aussage sehr geschickt durch die Platzierung eigener Möbel in drei separate Bereiche. Somit schuf er sich in einem Raum je einen separaten Wohn-, Arbeits- und Schlafbereich. Diese drei Bereiche waren, wie er sagte, nach seinen persönlichen Vorstellungen von ihm selbst gestaltet worden. So befanden sich im Wohnbereich besonders Fotos der Familie, vor allem der Enkel, von denen er mit Stolz erzählte. Im Schlafbereich befand sich ein Bild seiner kürzlich verstorbenen Frau. Der Arbeitsbereich war geprägt von unzähligen Büchern und einem alten, verzierten Schreibtisch. Auf diesem befand sich sowohl ein moderner Flachbildschirm, als auch eine Tastatur für sehbehinderte Menschen, die mit auffallend großen Buchstaben und Tasten versehen war.

Das Interview selbst fand im Wohnbereich des Zimmers auf der aus dem eigenen Haushalt mitgebrachten Couchgarnitur des Altenpflegeheimbewohners statt. Bevor jedoch das Interview beginnen konnte, wurde die Forscherin durch den Altenpflegeheimbewohner darauf hingewiesen, dass sich auf dem Sofatisch ein großer Teller mit Schokolade befand und jeder Besucher verpflichtet sei, sich mindestens ein Stück Schokolade von diesem Teller zu nehmen. Besonders betonte er, dass diese Form der Gastfreundschaft mittlerweile ein festes, tägliches Ritual zwischen ihm und der Pflegekraft sowie der Reinigungskraft sei, um diesen durch diese Geste seine Anerkennung bezüglich deren beruflichen Tätigkeiten zu signalisieren. In diese Vorgehensweise des Altenpflegeheimbewohners könnte man möglicherweise einen stark ausgeprägten Wunsch nach sozialen Kontakten und Akzeptanz seiner Selbst beim Personal interpretieren.

In der Interviewsituation selbst wirkte der Altenpflegeheimbewohner auf die Forscherin sehr herzlich, offen, ehrlich und vor allem sehr reflektiert. Er erweckte den Eindruck, sich mit dem Thema des Alterns sowohl allgemein als auch persönlich intensiv befasst zu haben. Er sprach strukturelle Themeninhalte durchaus kritisch an, stellte aber auch an sich selbst hohe Ansprüche im Umgang mit altersbedingten Einschränkungen. Insgesamt wirkte er auf die Forscherin sehr positiv gestimmt. Lediglich der Tod seiner erst kürzlich verstorbenen Frau stimmte ihn kurzzeitig nachdenklich und betroffen. Zu betonen ist auch, dass er im Rahmen der Einstiegsfrage sehr umfangreiche biographische Informationen offenbarte, was eventuell ein Indiz für sein Wohlbefinden im Rahmen des Interviews darstellen könnte. Der Besuch der Forscherin dauerte inklusive Interviewführung und vorherige durch den Altenpflegeheimbewohner angebotene Begehung seiner Räumlichkeiten etwa eine Stunde und endete mit einem weiteren Stück Schokolade zum Abschied.

Die Heimleiterin

Das Interview mit der Heimleiterin fand in ihrem persönlichen Büro in den Räumen des Altenpflegeheims statt. Das Büro selbst war schlicht aber stilvoll eingerichtet mit einem großen Schreibtisch, einem Aktenschrank und einem kleinen Besprechungstisch mit zwei Stühlen. Auffällig war eine Pinnwand, an der neben dem Leitbild der Einrichtung eine Postkarte mit der Aufschrift „Ich habe keine Lösung, aber ich bewundere Dein Problem" befestigt war. Diese ließ einen gewissen Galgenhumor der Heimleiterin hinsichtlich ihrer Führungsposition vermuten. Zum vereinbarten Termin wurde die Forscherin im Foyer durch die Heimleiterin persönlich begrüßt, in deren Büro geleitet und zunächst nach ihrem Getränkewunsch gefragt. Nachdem durch die Heimleiterin persönlich eine große Tasse Milchkaffee aus dem Cafébereich des Hauses serviert wurde, wurde das Interview direkt begonnen. Die Atmosphäre war insgesamt sehr freundlich und auch die Heimleiterin erweckte einen sehr offenen und ehrlichen Eindruck. Aufgrund ihrer Aussagen, lässt sich möglicherweise interpretieren, dass sie sich sowohl privat, als auch beruflich mit dem Thema Altern und vor allem dem Thema Tod intensiv befasst hat. Auch bekam die Forscherin den Eindruck, dass die Heimleiterin ihre Mitarbeiter, besonders die Pflegekräfte, nicht nur führend, sondern vor allem verständnisvoll betrachtet und deren vielfältige Arbeitsbelastung durchaus wahrnimmt und kritisch anmerkt. Ebenfalls ist auch bezüglich dieses Interviews die Offenheit der Heimleiterin hinsichtlich der Einstiegsfrage und die umfangreiche Preisgabe biographischer Daten zu betonen. Der Besuch der Forscherin dauerte insgesamt etwa 45 Minuten und endete auf Anfrage der Forscherin mit einer Kontaktvermittlung der Heimleiterin, die eine Pflegedienstleiterin ihres Hauses als weitere Interviewpartnerin vorschlug und der Forscherin die beruflichen Kontaktdaten besagter Pflegedienstleiterin aushändigte.

Der Mitarbeiter des MDK

Das Interview mit dem Mitarbeiter des MDK fand in den Räumlichkeiten der Arbeitsstelle der Forscherin statt. Dies ergab sich daraus, dass der Mitarbeiter des MDK einen anderen Termin in der Stadt, in der die Forscherin arbeitete, wahrnehmen musste und somit telefonisch anbot, im Anschluss an diesen Termin die Forscherin aufzusuchen. Da die Arbeitsstelle der Forscherin mehrere separate Besprechungsräume aufwies, in denen eine ungestörte Interviewsituation möglich war, willigte diese ein. Somit fand das Interview in einem schlicht gestalteten Raum statt, in dem sich neben einem Holzschrank lediglich ein großer Tisch und 15 Stühle befanden. Zuvor hatte die Forscherin auf diesem Tisch bereits Kaffee und Kaltgetränke für zwei Personen hergerichtet. Der Eindruck, den der Mitarbeiter des MDK bereits bei der Begrüßung erweckte, war zwar ruhig und sachlich, aber auch sehr distanziert und weit weniger offen und herzlich, als im Falle des Altenpflegeheimbewohners und der Heimleiterin. Bereits zuvor hatte sich der Mitarbeiter des MDK telefonisch mehrmals nach dem Umgang der Forscherin mit dem Datenmaterial erkundigt und berichtet, sogar den zuständigen Anwalt des MDK um Zustimmung seiner Teilnahme am Interview gebeten zu haben. Dies lässt eine ausgeprägte Skepsis des Interviewten hinsichtlich des Interviews und der damit einhergehenden Datenverarbeitung vermuten. Auch im Interview selbst gab er sich weiterhin kühl und distanziert. So beantwortete er die Einstiegsfrage sehr knapp und gab nur knappe Eckdaten, statt konkrete biographische Daten an. Mit der Zeit wirkte er entspannter und beantwortete weitere Fragen ausführlicher. Insgesamt dauerte der Termin etwa eine Stunde und endete so kurz angebunden, wie er begann, da der Mitarbeiter des MDK einen weiteren Termin wahrnehmen musste.

Die Pflegedienstleiterin

Das Interview mit der Pflegedienstleiterin fand in den Räumlichkeiten ihres Arbeitsplatzes statt. Dieser Ort wurde ursprünglich durch die Heimleiterin vorgeschlagen, die den Kontakt zur Pflegedienstleiterin hergestellt hatte, damit die Pflegedienstleiterin nicht nach Feierabend ihre Freizeit für das Interview nutzen musste. Zunächst betrachtete die Forscherin den Ort der Interviewführung hinsichtlich einer möglicherweise wenig ungezwungenen und ungestörten Atmosphäre sehr skeptisch, fand es nach längerer Überlegung dennoch spannend, wie sich die Interviewsituation am Arbeitsplatz der Pflegedienstleiterin gestalten würde und welche Interpretationen sich aus dieser Situation heraus entwickeln könnten. Da auch die Pflegedienstleiterin mit ihrem Arbeitsplatz als Interviewort einverstanden war, wurde ein Termin auf der Station vereinbart, die sie betreute. Als die Forscherin die Station betrat, wurde sie umgehend von einem jungen Pfleger gefragt, ob er ihr helfen könne. Nachdem die Forscherin ihr Anliegen schilderte, bat er sie, kurz im Büro des Pflegepersonals zu warten, bis er die Pflegedienstleiterin geholt habe. Auffällig war, dass das Büro des Pflegepersonals sich nicht in einem abgetrennten Raum, sondern in einer offenen, für alle zugänglichen Nische im Flur befand. An den Schränken in dieser Nische hingen Dienstpläne, Urlaubspläne, Hygienepläne und ein eher traurig gestimmtes Gedicht über die Tätigkeit einer Pflegekraft, woraus sich eine gewisse Unzufriedenheit der Mitarbeiter interpretieren lassen könnte. Der junge Pfleger kam im nächsten Moment zurück, um die Forscherin zu informieren, dass die Pflegedienstleiterin noch etwa zehn Minuten benötigte, um eine Bewohnerin zu betreuen und bot der Forscherin im gleichen Zug einen Kaffee an. Als er mit der Kaffeetasse zurückkam, fragte die Forscherin direkt nach, ob an diesem einen Computer in dieser Nische im Flur denn auch die gesamte Dokumentation stattfinde, zu der das Pflegepersonal seitens des MDK verpflichtet ist. Der junge Pfleger bestätigte dies und gab an, dass es keinen abgetrennten Raum für die Büroarbeit gäbe und betonte, dass dies schon sehr anstrengend sei und wenig Raum für ruhiges und konzentriertes Arbeiten biete. Aus dieser Aussage lässt sich möglicherweise eine Kritik hinsichtlich der Wertschätzung des Trägers gegenüber den Mitarbeitern, aber auch ein Wunsch nach anderen Arbeitsbedingungen interpretieren. Direkt nach dieser Aussage rannte der Pfleger aber gleich wieder in das nächste Zimmer eines Bewohners und brach damit das Gespräch ab. Etwa fünf Minuten später traf jedoch die Pflegedienstleiterin ein. Sie begrüßte die Forscherin kurz, entschuldigte sich für die Verspätung und bat dann, das Interview gleich zu beginnen. Spannend war im Vergleich zu den anderen zuvor geführten Interviews die Tatsache der nicht vorhandenen Ungestörtheit. Während die anderen Interviews in separaten verschließbaren Räumen stattfanden, fühlte sich die Forscherin in der Situation mit der Pflegedienstleitung in der Nische des Flurs sehr beobachtet. Bewohner und andere Mitarbeiter liefen vorbei, was die Pflegedienstleitung oft dazu brachte, während dem Gespräch zu beobachten, welche Personen wo hin gingen. Auch wurde die Pflegedienstleitung einmal von einer anderen Mitarbeiterin während dem Interview unterbrochen, um eine Dienstangelegenheit zu besprechen. Weiterhin klingelte einige Male das Telefon oder der Piepser der Pflegedienstleitung, zeitweise auch beide Geräte gleichzeitig. Somit wirkte die Pflegedienstleitung während dem gesamten Interview zwar freundlich und teilweise auch sehr offen, war allerdings auch viele Male abgelenkt und nur temporär konzentriert. Weiterhin auffällig war, dass sie zwar kritische Themen ansprach, diese aber nur flüsternd aussprach. Dies lässt eventuell die Interpretation zu, dass die Kollegen, Bewohner und/oder Angehörigen diese Aussage nicht hören sollten. Es wäre sicherlich spannend gewesen, wie weit die Pflegedienstleiterin diese kritischen Aspekte in einer geschützten Interviewsituation ausgeführt hätte. Jedoch war es das Risiko dieser ungeschützten Interviewsituation, zurückhaltendere Aussagen der Pflegedienstleiterin zu erhalten, worauf sich die Forscherin nunmehr eingelassen hatte. Insgesamt erweckte die Pflegedienstleiterin aber auch den Eindruck, wenig von sich selbst preiszugeben. Ihre biographischen Daten zu Beginn des Interviews nannte sie nur kurz und wenig ausschweifend. Auch ihre Aussagen zu kritischen Themen sind kurzzeitig kritisch, aber gleich darauf beschwichtigt sie ihre eigene Aussage wieder. Dies lässt möglicherweise darauf schließen, dass sie zwar manche berufliche Situation als belastend erlebt, sich aber ihre Belastung nicht anmerken lassen möchte. Dieser Eindruck entsteht vor allem aufgrund ihrer sehr schmalen, zierlichen Statur bei gleichzeitiger burschikos und resolut wirkenden Verhaltensweise. Weiterhin lässt sich diese Vermutung auch durch ihr junges Alter und ihre gleichzeitig bereits vorhandenen Verantwortung als Pflegedienstleiterin begründen.

Ein letzter Satz sei abschließend, auf alle Interviewpartner zutreffend, anzumerken. Die Aufnahme aller Interviews fand nicht mit sperriger Gerätschaft wie Laptop, Mikrophon oder Diktiergerät statt, sondern mit einem Audiogerät in Form eines USB-Sticks. Es wurde zu Beginn jedes Interviews durch die Forscherin darauf hingewiesen, dass die Aufnahme des Gesprochenen mit diesem Gerät erfolge. Durch die minimale Größe des Aufnahmegerätes erschien es jedoch, als würden die Interviewpartner das

Gerät recht bald im Laufe des Interviews vergessen und somit freier und ungezwungener sprechen, als mit einem eher sperrigen Aufnahmegerät, das sich ständig im direkten Blickfeld des Interviewten befindet. Dies lässt sich aus der Erfahrung der Forscherin in Bezug auf frühere geführte Interviews mit sperrigen Aufnahmegeräten, in denen die Interviewpartner häufig während des Sprechens gehemmt auf die Aufnahmegeräte starrten, möglicherweise interpretieren. Somit lässt sich vermuten, dass die Größe des Aufnahmegerätes in enger Verbindung zum Wohlbefinden des Interviewpartners im Rahmen des Interviews steht und sich somit auf seine gelöste Art zu sprechen auswirkt.

Im Folgenden soll der Aspekt der Transkription näher beleuchtet werden. Dabei wird der Begriff zunächst definiert und anschließend verschiedene Formen der Transkription kurz angerissen und auf ihre Umsetzbarkeit vor dem Hintergrund der hier zu behandelnden Forschungsfrage überprüft.

4.2.3 Transkription

Der Begriff der Transkription stammt ursprünglich aus dem Lateinischen und lässt sich von Dittmar wie folgt definieren: „Der Terminus „Transkription" (lat. *transcribere* – überschreiben, umschreiben) bezieht sich auf die Wiedergabe eines gesprochenen Diskurses in einem situativen Kontext mit Hilfe alphabetischer Schriftsätze und anderer, auf kommunikatives Verhalten verweisender Symbole" (Dittmar, 2009, S.52). Diese Symbole können je nach Transkriptionsverfahren stark variieren, wie sich weiter unten noch zeigen wird. Weiterhin betont Dittmar in seiner Definition die generelle Notwendigkeit bzw. Sinnhaftigkeit der Verschriftlichung ausgesprochener Worte. „Aufgrund der altbekannten Tatsache verba volant, scripta manent („Wörter sind flüchtig, Geschriebenes bleibt") besteht die bleibende, Verdauerung' der flüchtigen Rede in ihrer schriftlichen Repräsentation" (Dittmar, 2009, S. 52). Sofern man sich im Vorfeld einer wissenschaftlichen Arbeit mit der Transkription als solcher und deren Umsetzung befasst, so stößt man recht bald auf unterschiedlichste Varianten der Transkription, die sich in ihrer Unterschiedlichkeit der Umsetzung auch für unterschiedliche Formen gesprochener Worte eignen, sei es für Interviewsituationen oder für beobachtete Dialoge. Auf verschiedene Varianten der Transkription soll hier noch näher eingegangen werden. Zuvor sei dabei zu betonen, dass sie nahezu alle grundsätzlich nach den gleichen Kriterien umzusetzen sind. Diese grundsätzlichen Kriterien beschreibt Dittmar wie folgt: „Den meisten

Definitionen von ‚Transkription' liegen wissenschaftliche Kriterien zugrunde. Die schriftliche Wiedergabe soll nicht nur ‚ungefähr' oder annäherungsweise authentisch, sondern eine reale Kommunikationssituation möglichst genau abbildende Verschriftlichung sein. Daher soll das Zeicheninventar die mündlichen kommunikativen Vorgänge analog und beobachtungsadäquat abbilden" (Dittmar, 2009, S. 53). Bei der Wahl der Methode ist besonders das eigene Erkenntnisinteresse einzubeziehen. „Jede Transkription steht in einem spezifischen wissenschaftlichen Erkenntnisinteresse. Der Beschreibungsfokus einer Untersuchung ist eng mit der dokumentarischen Methode des Transkribierens verbunden" (Dittmar, 2009, S. 53). Damit kommt zum Vorschein, dass für die Implementierung einer speziellen Forschungsfrage nicht nur die für diese optimal passende Form der Datenerhebung oder Datenanalyse, sondern auch die ebenfalls für die Forschungsfrage optimal passende Transkriptionsvariante gewählt werden muss, um einer umfassenden Implementierung der Forschungsfrage gerecht zu werden. Die Unterschiedlichkeit vorhandener Transkriptionsverfahren soll hier nur kurz umrissen werden und letztlich verdeutlichen, welche Variante der Transkription aus welchen Gründen im Kontext dieser Arbeit gewählt wurde. Dabei ist zu betonen, dass an dieser Stelle aus Kapazitäts- und Relevanzgründen nur einige wenige zentrale Transkriptionsverfahren kurz und nicht umfassend dargestellt werden.

Eine mögliche Variante der Transkription ist die formale Konversationsanalyse (KA). Sie „stellt das erste Modell einer gesprächsanalytischen Transkription dar und ist – wissenschaftshistorisch gesehen – das Bezugsmodell für spätere Transkriptionsentwürfe" (Dittmar, 2009, S. 104). Ursprüngliches Ziel dieser Transkriptionsform war es, Interaktionen und Alltagshandeln von Gesellschaftsmitgliedern zu beobachten, festzuhalten und zu analysieren. Daher finden sich im Rahmen dieser Transkriptionsmethode vor allem Richtlinien zur schriftlichen Darstellung von sich überlappenden Redebeiträgen, wie es in Interaktionen zwischen zwei oder mehreren Personen häufig vorkommt (vgl. Dittmar, 2009, S.104). In solchen Fällen werden Redebeiträge mehrerer Personen optisch in der Transkription untereinander gesetzt und durch Klammern gekennzeichnet, um gleichzeitige Äußerungen mehrerer Personen darzustellen. Bs:

„Hilde: ich habe früher [viel demonstriert
  Herta: [fängst du schon wieder damit an?" (Dittmar, 2009,
S. 107)

Die KA hätte sich durch ihren Fokus auf Interaktionsinterpretationen möglicherweise im Rahmen dieses Forschungsprojektes für die Transkription der ursprünglich geplanten Gruppendiskussion angeboten, lässt sich aber für die letztlich tatsächlich geführten offenen Leitfadeninterviews mit Einzelpersonen nicht als ideale Transkriptionsvariante festhalten, da die Interviews den Interviewten lange monologe Textpassagen ermöglichten und die Interaktion zwischen Interviewtem und Interviewer als vielmehr sekundär zu betrachten sind.

Eine weitere Form der Transkription ist das System „*Codes for Human Analysis of Transcripts*" (Dittmar, 2009, S. 145) (CHAT). Dieses Verfahren wurde ursprünglich als ein System zur Transkription von non-, para- und verbalen Interaktionen im Rahmen von Spracherwerbsuntersuchungen entwickelt. Das Ziel dieses Systems ist es, eine international verbreitete Datenbank zu den Schwerpunkten des Erst-, aber auch Zweitsprachenerwerbs zu erstellen und die verfügbaren Daten zum besseren Vergleich und zur leichteren Verwendung auf die gleiche Weise zu transkribieren. Dabei sollen die transkribierten Daten als Basis und Vergleichsmaterial für Forschungshypothesen, deren Belegung bzw. Verwerfung betrachtet werden. (vgl. Dittmar, 2009, S.145f.)
Chat ist eine sehr umfassende Form der Transkription und zeichnet sich besonders dadurch aus, dass nicht nur der gesprochene Text, sondern auch die Atmosphäre schriftlich fixiert wird. Dabei wird der gesprochene Text in der sogenannten Hauptzeile transkribiert, die durch ein * gekennzeichnet ist, während die Atmosphäre in der Kommentarzeile beschrieben wird, die mit einem % gekennzeichnet ist. Hinzu kommen vor diesen Zeilen verschiedene beschreibende Kürzel, die in CHAT klar definiert und vereinheitlicht sind und zur Verständlichkeit des Textes beitragen sollen. (vgl. Dittmar, 2009, S.148ff.) Bs:
„INB: sie haben sie haben gemerkt daß ihre ihre ihre mutter sie dabei beobachtete
        wie sie und diese MOEBIUS sich in den wagen setzten!
%com: Abstand zwischen Gesicht INB und Gesicht BBB weniger als 30cm
%act: BBB weicht dem Blick von INB aus, dreht den Kopf Richtung Mutter" (Dittmar, 2009, S. 150).

Die Kürzel INB und BBB stellen dabei die Bezeichnung der beteiligten Personen dar, die Kürzel com und act werden nicht definiert, stehen aber sehr wahrscheinlich für die Abgrenzung zwischen einem Kommentar zur allgemeinen Atmosphäre und einem Kommentar zu Bewegungen und nonverbalem Verhalten der beteiligten Personen. CHAT lässt sich insgesamt als sehr ausführliche und vielschichtige Transkriptionsvariante bezeichnen, die sicherlich eine sehr große Basis für Interpretationen eines Datenmaterials bietet. Kritisch betrachtet kann diese ausführliche Form doch auch als möglicher Stolperstein betrachtet werden. Jane Edwards kritisiert CHAT folgendermaßen: „Das Transkriptionssystem ist überladen, d. h. es gibt zu viele Kategorien für teilweise sehr nuancierte feine Unterschiede" (Dittmar, 2009, S. 156).

Zur Implementierung der hier betreffenden Forschungsfrage lässt sich CHAT m. E. zwar als spannende Transkriptionsvariante betrachten, die viel Platz für verbale sowie nonverbale Inhalte und deren Interpretationen bietet, weist somit gleichzeitig auch einen enorm detaillierten Umfang auf, der für diese Forschungsfrage nicht zwingend notwendig ist. Um diese Transkriptionsform so korrekt wie möglich auszuführen, braucht es m. E. bereits detaillierte Aufzeichnungsverfahren, wie Videoaufnahme oder ständige Verschriftlichung nonverbaler Interviewinhalte. Beide Variante beinhalten jedoch die Gefahr, Interviewpartner abzulenken, zu verunsichern und sie somit möglicherweise aus ihrem Erzählfluss heraus immer wieder ins Stocken zu bringen. Aus diesen Gründen lässt sich auch das Transkriptionssystem Chat in diesem Forschungskontext m. E. nicht als ideal bezeichnen.

An diesen beiden Beispielen möglicher Transkriptionsmethoden lässt sich bereits feststellen, wie unterschiedlich Fokus und Ausrichtung einer Transkription sein können und wie dies die Suche nach der idealen Transkriptionsmethode vor der eigenen Fragestellung beeinflussen kann. Noch deutlicher wird dies am Beispiel einer dritten Transkriptionsmethode, die – das sei hier vorweggenommen – m. E. als weitestgehend ideal für diesen hier thematisierten Forschungskontext erachtet werden kann. Es handelt sich hierbei um das Gesprächsanalytische Transkriptionssystem (GAT). Dieses „wurde 1997 von einer Gruppe namhafter Linguisten (Selting et al. 1998) als Vorschlag zu einer Vereinheitlichung bestehender Transkriptionssysteme im deutschsprachigen Raum entwickelt" (Dittmar, 2009, S. 130). Hintergrund dieses Vereinheitlichungsgedanken war, dass viele bereits vorhandene Transkriptionsmethoden sich meist nur in Detailaspekten wie Betonungszeichen o. ä. unterschieden, was allerdings eine benutzerfreundliche Datenerfassung und -auswertung immens erschweren konnte. Der Fokus von GAT liegt auf Untersuchungen von Alltagsgesprächen und Formen kommunikativer Gattungen (vgl. Dittmar, 2009, S. 130f.). Dabei unterscheidet GAT zwischen einem Basistranskript und einem Feintranskript. Das Basistranskript soll in Bezug auf die Datenverschriftlichung die nötigen Mindeststandards wie „(a) die sequentielle Verlaufsstruktur, (b) die Pausen, (c) spezifische segmentale Konventionen, (d) Arten und Formen des Lachens, (e) Rezeptionssignale, (f) Akzentuierungen und (g) Tonhöhenbewegungen am (prosodischen) Einheitenende" (Dittmar, 2009, S. 131) erfüllen. Hinzu kommen Grundlagen wie die Unterscheidung zwischen dem Transkriptkopf, der mit wichtigen Daten zum Interviewpartner, der Interviewaufnahme und einer Gesprächscharakterisierung versehen ist und dem eigentlichen Gesprächstranskript, welches nach Zeilen nummeriert und durchgehend in Kleinschreibung verfasst werden muss, da Großbuchstaben lediglich Akzente kennzeichnen sollen (vgl. Dittmar, 2009, S. 131ff.) Wichtigste Kennzeichnungen des Basistranskriptes sind das Gleichzeichen (=) für schnelle Redebeitragsanschlüsse, das Glottalverschlusszeichen (') für Selbstabbrüche, (h) für Lachpartikel im gesprochenen Wort, Tonhöhenbewegungen (?) für hoch steigend, (,) für mittel steigend, (-) für gleichbleibend, (;) für mittel fallend und (.) für tief fallend, Großbuchstaben für Akzente, Lachsignale die durch ein (h) gekennzeichnet sind, außersprachliche Handlungen wie husten, die in spitze Klammern gesetzt werden und Pausenzeichen, die in (.) Mikropausen, (-) kurze, (--) mittlere und (---) längere Pausen eingeteilt werden oder auch mit Zeitangaben versehen sein können (2.0) (vgl. Dittmar, 2009, S.134ff.).

Das Feintranskript bietet u. a. die Möglichkeit, silbenweise Akzenthöhenbewegungen, Sprachlautstärke und -tempo zu kennzeichnen. Dies geschieht überwiegend in Form von Großbuchstaben, die aus grammatikalischen Gesichtspunkten unberücksichtigt bleiben. BS:
„S2: und 'wEnn da: Einmal: 'jEmand zum 'Abschied ge↑'HUPT 'hat," (Dittmar, 2009, S.138).

Weiterhin lassen sich im Feintranskript auch unverständliche Redebeiträge durch eine Klammer mit Leerzeichen (   ) kenntlich machen. Da das Feintranskript im Rahmen dieser Forschung kaum Verwendung findet, wird es aus Kapazitätsgründen an dieser Stelle nicht ausführlicher erwähnt.

Es lässt sich somit festhalten, dass GAT besonders durch die Unterscheidung von Basistranskript und Feintranskript sehr benutzerfreundlich ist, da es so die Möglichkeit bietet, je nach Forschungsinteresse die Transkription eher allgemein oder spezifisch zu verfassen. Aus diesem Grund wurde GAT auch als Transkriptionsverfahren für den hier zu behandelnden Forschungskontext gewählt. Denn das Erkenntnisinteresse dieser Forschung bezieht sich in erster Linie auf die tatsächlich formulierten Aussagen der Interviewpartner und die Parallelen und Differenzen dieser Aussagen. Somit liegt der Fokus weit weniger auf differenzierten nonverbalen Aspekten oder akzentbedingten Ausprägungen. Somit stellt sich das Basistranskript im Rahmen des GAT als ideale Methode heraus. Im Folgenden soll nun die direkte Umsetzung dieser Transkriptionsmethode im Rahmen des Forschungsprojektes kurz erörtert werden.

4.2.4 Transkription anhand des gesprächsanalytischen Transkriptionssystems (GAT) im Rahmen des Forschungsprojektes

Aus bereits genannten Gründen wurden alle vier Interviews anhand des soeben dargestellten Basistranskript des Transkriptionssystems GAT verschriftlicht. Dies lässt sich an folgendem Beispiel veranschaulichen: „ja äh: (.) erste frage war warum, ne? meine frau wurde ein pflegefall: (.) ganz plötzlich äh (--) mit ' an ihrem fünfunziebzichsten geburtstag (.) äh (--) ja genau" (Vgl. Interview vom 11. 08. 2011 mit Herrn Jakob, Bewohner Altenpflegeheim. Siehe Anhang, S. 126). Tonhöhenverlauf, Pausen und Kleinschreibung sind an diesem Beispiel erkennbar den Krietrien des Basistranskriptes unterstellt. Auch außersprachliche Handlungen und Lachpartikel im gesprochenen Wort wurden, wie an folgendem Beispiel festzustellen ist, durch spitze Klammern markiert, wie es die Kriterien des Basistranskriptes vorschreibt: „dann ham wir uns das angeschaut hier und äh unter anderm auch hochlöbliche schwanenheim da drüben (--) auch hochhaus was mich abgeschreckt hat und ham dann das hier gesehn und äh ham gesacht das wäre die alternative hier könnten wir hingehn un(h)d dann <<lacht>> kam ' langweil ich sie mit dieser langen schilderung?" (Vgl. Interview vom 11. 08. 2011 mit Herrn Jakob, Bewohner Altenpflegeheim. Siehe Anhang, S. 127).
Allerdings tauchten zwei Aspekte in den Interviews auf, die die Einhaltung eines reinen Basistranskriptes verhinderten. So gab es am Beispiel des Interviews mit dem Bewohner häufig Momente in denen er stark und lange hörbar ausatmete. Für dieses lange Ausatmen sieht das Basistranskript keine Transkriptionsregeln vor, sollte aber m. E. auch nicht unterschlagen werden, da es jeweils an besagten Stellen auf einen gewissen Schwierigkeitsgrad der zuvor gestellten Frage und/oder eine entsprechende Überlegungsphase des Bewohners hindeuten konnte. Aus diesem Grund wurden für diesen Aspekt die Transkriptionsregeln des Feintranskriptes hinzugezogen. Denn das Feintranskript sieht vor, hörbares Aus- oder Einatmen je nach Dauer der hörbaren Atmung durch ein (h), (hh) oder (hhh) zu kennzeichnen (vgl. Dittmar, 2009, S. 139). Folgendes Beispiel zeigt, dass auf diese

Transkriptionsregel zurückgegriffen wurde: „hhh (--) hm also (--) da hab ich mir noch keine gedanken gemacht also was fehlt mir mir fehlt insofern nichts weil ich das äh: was mir fehlte immer noch selbst schaffen konnte" (Vgl. Interview vom 11. 08. 2011 mit Herrn Jakob, Bewohner Altenpflegeheim. Siehe Anhang, S. 130). Der zweite und letzte Aspekt, der ein Hinzuziehen der Transkriptionsregeln des Feintranskrites erforderte, war die Unverständlichkeit einzelner Worte. Sofern einzelne Passagen absolut unverständlich gesprochen wurden, so war es m. E. wichtig, dies auch zu kennzeichnen. Für solche Situationen sieht aber das Basistranskript ebenfalls keine Transkriptionsregeln vor, weshalb auch an dieser Stelle auf das Feintranskript zurückgegriffen werden musste. Dieses sieht vor, unverständliche Passagen als Leerzeichen in einer runden Klammer zu kennzeichnen (vgl. Dittmar, 2009, S.139). Dies wird an folgendem Beispiel deutlich: „also is schon was was ich möglicherweise auch für mich äh anstrebe solange ich noch so äh bin dass ich also äh noch selbst äh (   ) kann und so dass ich das also auch mit einem ambulanten pflegedienst mache" (Vgl. Interview vom 11. 08. 2011 mit Herrn Jakob, Bewohner Altenpflegeheim. Siehe Anhang, S. 129).

Anhand der dargestellten Interviewpassagen und des Rückblicks auf den Transkriptionprozess lässt sich festhalten, dass das Basistranskript im Rahmen des Transkriptionssystems GAT sich zwar einerseits wirklich als leicht verständlich, benutzerfreundlich und auch für den darauffolgenden Auswertungsprozess als leicht leserlich erweist. Andererseits deckt es nicht alle möglichen Interviewsituationen ab, die es zu verschriftlichen gilt. So war zwar ursprünglich die reine Transkription anhand des Basistranskriptes geplant, konnte jedoch aufgrund beider genannten Interviewsituationen, für die das Basistranskript keine Transkriptionsregeln vorsieht, nicht eingehalten werden, wodurch in einzelnen Parts auf die Transkriptionsregeln des Feintranskriptes zurückgegriffen werden musste. Somit war zumindest eine klare Trennung zwischen Basis- und Feintranskript nicht möglich, sondern entwickelte sich vielmehr in Bezug auf diese beiden Punkte als ergänzende Variante.

Im Folgenden soll nun der Themenschwerpunkt möglicher Auswertungsverfahren behandelt werden. Dabei liegt der Fokus zunächst auf der Darstellung und Abwägung verschiedener Methoden der Datenanalyse auf der Suche nach der idealen Methode für dieses Forschungsprojekt und anschließend auf der tatsächlich für dieses Forschungsprojekt gewählten Methode der qualitativen Inhaltsanalyse und deren Umsetzung. Die Ergebnisse der Datenanalyse werden gesondert im fünften Kapitel dargestellt.

4.3 Auswertungsverfahren

Nicht nur das Samplingverfahren und die Methode der Datenerhebung, sondern auch die Methode der Datenanalyse muss bewusst und bezogen auf das Erkenntnisinteresse des Forschungsprojektes möglichst ideal gewählt werden. Auch im Rahmen der Datenanalyse bietet sich eine Vielzahl verschiedener Methoden zur Auswertung qualitativen Datenmaterials an. An dieser Stelle sollen ebenfalls aus Kapazitätsgründen nur einige Methoden kurz umrissen werden, um einerseits die Methodenvielfalt darzustellen und andererseits die Entscheidung für eine dieser Methoden im Rahmen dieses Forschungsprojektes zu begründen. Ein Anspruch auf Vollständigkeit würde dabei den Rahmen dieser Arbeit sprengen.

Die erste Form der Datenanalyse, die hier kurz vorgestellt werden soll, ist die Grounded Theory. Diese wurde von Anselm Strauss und Barney Glaser als Verknüpfung zwischen Theorie und Empirie entwickelt. Hauptschwerpunkt dieser Methode ist es dabei, Theorien nicht als vorgefertigte Konzepte an die zu erhebenden Daten heranzutragen, sondern Theorien erst aus den erhobenen Daten zu generieren. Dies gewährleistet vor allem einen offenen Blick des Forschers, der sonst durch bereits vorgefertigte Theorien stark eingeschränkt sein könnte. Die Grounded Theory kann sowohl für Interviews, Beobachtungen, Gruppendiskussionen, oder auch für Statistiken und Dokumente angewandt werden. Der methodische Fokus liegt dabei nicht auf der klaren Struktur, beginnend mit dem Sampling, weiter mit der Datenerhebung und anschließend mit der Analyse, sondern auf einem parallel stattfindenden und eng miteinander verknüpften Prozess des Sampling und der Theoriebildung. Przyborski und Wohlrab-Sahr beschreiben diesen Vorgang sehr prägnant und doch knapp formuliert:

„Wesentlich für die Grounded Theory ist der ständige Wechselprozess von Datenerhebung und Auswertung. Die am Anfang entwickelten Konzepte sind vorläufiger Art. Das theoretisch fundierte Sampling orientiert sich an der Weiterentwicklung und Kontrastierung von Konzepten, bis deren theoretische Sättigung erreicht ist. Dieses theoretische Interesse steuert die Auswahl bei der weiteren Erhebung" (Przyborski/Wohlrab-Sahr, 2009, S. 195).

Zur Erlangung der theoretischen Sättigung werden dabei erste Konzepte codiert und diese Codes immer weiter zu Kategorien zusammengefasst. (vgl. Przyborski/Wohlrab-Sahr, 2009, S.189-195)

In Bezug auf die hier zu implementierende Forschungsfrage lässt sich die Methode der Grounded Theory als durchaus spannende und in größerem Rahmen auch umsetzbare Analyseform festhalten. Denn mit Sicherheit wäre es als überaus spannend zu betrachten, mit Blick auf diese spezielle Frage Theorien nicht vorzufertigen, sondern erst aus erhobenen Daten zu generieren. Die Ergebnisse einer solchen Vorgehensweise wären sicherlich sehr interessant. Jedoch ist an dieser Stelle darauf hinzuweisen, dass die Operationalisierung dieser Forschungsfrage im Rahmen einer Masterthesis keinen Repräsentativitätsanspruch hat, sondern lediglich eine Tendenz darstellen soll. Die Methode der Grounded Theory kann sich insgesamt je nach Thema recht umfangreich gestalten und ist in ihrer Dimension von der bereits dargestellten theoretischen Sättigung abhängig. Das heißt, durch die Auswertung eines Interviews werden mögliche Thesen aufgeworfen. Durch die Initiierung weiterer Interviews sollen diese Thesen dann mit den Aussagen aus weiteren Interviews verglichen und möglicherweise theoretisch gesättigt werden. In den dann folgenden Interviews entstehen dann möglicherweise ebenfalls weitere zuvor nicht aufgekommene Thesen, die nun ebenfalls anhand weiterer Interviews verglichen und möglicherweise gesättigt werden. Somit hat die Grounded Theory m. E. vom grundsätzlichen Verständnis der Methode bereits einen Anspruch auf Vollständigkeit, der im Rahmen einer Masterthesis kaum eingehalten werden kann. Aus diesem Grund wird die Grounded Theory als durchaus spannende für ein Forschungsprojekt größeren Rahmens geeignete Variante erachtet, die allerdings aufgrund des Umfangs für eine Masterthesis wenig kompatibel ist.

Eine weitere Form der Datenanalyse, die hier kurz vorgestellt werden soll, ist die dokumentarische Methode. Diese geht auf Karl Mannheim zurück und stellte in ihrer ursprünglichen Zielsetzung in den Sozialwissenschaften eine Alternative zu naturwissenschaftlicher Logik eines Erkenntnisgewinns dar, entwickelt sich aber seit etwa dreißig Jahren weiter und wird somit auch breiter angewandt (vgl. Przyborski/Wohlrab-Sahr, 2009, S. 272). Besonders eignet sich diese Methode für Methodentriangulationen, also für zwei oder mehr verschiedene Erhebungsmethoden, die sich ergänzend auf ihrer unterschiedlichen Art und Weise derselben Forschungsfrage widmen. So sind beispielsweise Gruppendiskussionen, aber auch Interviews, Beobachtungen, Bild- oder Videoanalysen für die Auswertung mit der dokumentarischen Methode grundsätzlich geeignet. Ein weiteres Kriterium der Besonderheit der dokumentarischen Methode ist ihre Positionierung zwischen subjektivistischen und objektivistischen Zugängen, d. h. zwischen den Zugängen, die sich für das „Wozu und Warum" Sozialer Arbeit interessieren (subjektivistisch) und denen, die sich für das „Was" Sozialer Arbeit interessieren (objektivistisch). (vgl. Przyborski/Wohlrab-Sahr, 2009, S.274-277)

Dabei wird weiterhin in der Umsetzung der dokumentarischen Methode zwischen immanentem und dokumentarischem Sinngehalt des Datenmaterials unterschieden. Immanenter Sinngehalt wird durch Mannheim folgendermaßen definiert: „Wenn man ein philosophisches System aus sich selbst heraus kritisiert, seine innere Widersprüchlichkeit oder Widerspruchsfreiheit herausarbeitet, versteht man es immanent" (Mannheim, 1980, S.85ff. in: Przyborski/Wohlrab-Sahr, 2009, S. 277). Dokumentarischer Sinngehalt hingegen wird durch Przyborski und Wohlrab-Sahr wie folgt beschrieben: „Der dokumentarische Sinngehalt bzw. Dokumentsinn dagegen nimmt den soziokulturellen Entstehungszusammenhang bzw. das, was sich davon manifestiert hat, in den Blick" (Przyborski/Wohlrab-Sahr, 2009, S. 278). Die konkrete Umsetzung in Bezug auf Gruppendiskussionen oder Interviews erfolgt dabei darin, dass zunächst ein thematischer Verlauf erstellt wird, indem die im Datenmaterial aufkommenden Themen der Reihenfolge nach notiert werden und besonders auf deren thematischen Wechsel hin betrachtet werden. Die einzeln behandelten Themenbereiche werden als Passage bezeichnet. Der Fokus liegt nicht nur auf einzelnen Passagen, sondern auch auf Interaktionsmerkmalen. Wichtig ist dabei zu betonen, dass im Vergleich zu anderen Datenanalyseverfahren es im Rahmen der dokumentarischen Methode nicht nötig ist, Gruppendiskussionen oder Interviews (ausgenommen das narrative Interview) vollständig zu transkribieren und auszuwerten. „Da das Ziel der Auswertung darin besteht, die Reproduktionsgesetzlichkeit der erarbeiteten Handlungsorientierungen und des Habitus aufzuzeigen, ist auch die Auswahl von Passagen daran orientiert, dieses Ziel möglichst ökonomisch zu erreichen" (Przyborski/Wohlrab-Sahr, 2009, S. 286). Somit werden letztlich nur für die Forschungsfrage relevante Passagen ausgewählt und auch nur diese transkribiert. Anschließend werden diese zunächst formulierend und reflektierend interpretiert. „In der formulierenden Interpretation wird der immanente, also der kommunikativ-generalisierte Sinngehalt in einer klar verständlichen Sprache eingefangen und eine thematische Feingliederung vorgenommen" (Przyborski/Wohlrab-Sahr, 2009, S. 288). Die reflektierende Interpretation hingegen bezieht sich auf den bereits genannten dokumentarischen Sinngehalt und konzentriert sich besonders auf Handlungsorientierungen und Formen des Habitus. Im Anschluss daran erfolgen die komparative Analyse und Typenbildung, die der weiteren

Eingrenzung und Gliederung der Passagen zu Typiken dienen (Przyborski/Wohlrab-Sahr, 2009, S. 298).

In Bezug auf die hier zu implementierende Forschungsfrage lässt sich festhalten, dass sich die dokumentarische Methode m. E. als durchaus spannende, für dieses Forschungsvorhaben aber nicht ideale Methode erweist. Denn einerseits wäre sie zwar grundsätzlich in diesem Rahmen umsetzbar, da sie generell für Interviews aller Art genutzt werden kann. Jedoch ist es das Ziel des hier zu behandelnden Forschungsprojektes die vorliegenden Interviews sehr intensiv zu analysieren, was mit der Methode der qualitativen Inhaltsanalyse idealer umgesetzt werden kann, worauf im Folgenden noch näher eingegangen wird. Andererseits wurde anfangs insbesondere betont, dass sich diese Methode besonders für die Analyse von Methodentriangulationen eignet. Somit wäre die dokumentarische Methode eine spannende Form der Datenanalyse gewesen, hätte sich nicht die bereits erwähnte Planung einer Methodentriangulation von offenen Leitfadeninterviews und Gruppendiskussion aufgrund der Skepsis der Interviewpartner zerschlagen. Somit besteht im Rahmen dieses Forschungsprojektes zwischen der ursprünglichen Planung und der tatsächlichen Umsetzung eine Differenz dahingehend, dass hier keine Methodentriangulation, sondern die Datenerhebung anhand einer einzelnen Methode erfolgt. Unter anderem aus diesem Grund scheidet die dokumentarische Methode im Vergleich zu der nun folgend beschriebenen qualitativen Inhaltsanalyse als möglichst ideale Analyseform aus. An dieser Stelle sei allerdings auch zu betonen, dass zwar ursprünglich die Idee bestand, zu den transkribierten offenen Leitfadeninterviews weiteres Datenmaterial, wie bereits eingangs erwähnt, hinzuzuziehen. Dabei hätte es sich jedoch nicht um eine Methodentriangulation gehandelt, da das hinzugezogene Datenmaterial sich nicht mit der gleichen Forschungsfrage als solche befasste, sondern aus einem anderen Forschungsprojekt zu einer anderen Forschungsfrage stammte und somit lediglich ergänzend als Sekundärmaterial hätte hinzugezogen werden können. Explizit handelte es sich dabei um quantitatives Datenmaterial, dass basierend auf der Fragestellung: „Entsprechen die Qualitätsstandards des MDK in Altenpflegeheimen den Qualitätsstandards der dort lebenden Altenpflegeheimbewohner?" entstanden war. Somit hätte es sich in diesem Fall allenfalls um eine Datentriangulation gehandelt. Wie dies geplant war und aus welchen Gründen es letztlich bewusst doch nicht umgesetzt wurde, wird in Kapitel 6 ausführlich erläutert.

Die letzte Methode der Datenanalyse, die an dieser Stelle kurz vorgestellt werden soll, ist die qualitative Inhaltsanalyse. Diese wurde bereits in den 50er Jahren maßgeblich von Bernhard Berelson beeinflusst und verfolgt in erster Linie das Ziel, Material, dass auf einer Form von Kommunikation basiert, zu analysieren. Definitionen des Begriffs liegen auf vielfältigste Weise vor. Eine klare Definition ist deshalb schwer bildbar, da einerseits manche Analytiker allein schon den Begriff des Inhaltes in dem Begriff der qualitativen Inhaltsanalyse als fehlplaziert erachten, da es aus ihrer Sicht nicht rein um die Analyse von Inhalten, sondern um latente Gehalte von Kommunikation geht. Andererseits orientieren sich einige Definitionen des Begriffs sehr stark an den speziellen Forschungsinteressen der jeweiligen Autoren. (vgl. Mayring, 2010, S. 11)

Um nicht eine weitere spezifische Definition hinzuzufügen, greift Mayring zu einer Definition, die allgemein die Ziele der qualitativen Inhaltsanalyse beschreiben soll. Er formuliert wie folgt:

„Zusammenfassen will also Inhaltsanalyse
Kommunikation analysieren.
fixierte Kommunikation analysieren.
dabei *systematisch* vorgehen.
dabei also *regelgeleitet* vorgehen.
dabei auch *theoriegeleitet* vorgehen.
das Ziel verfolgen, *Rückschlüsse auf bestimmte Aspekte der Kommunikation* zu ziehen.

Da sie dabei nicht nur Inhalte der Kommunikation zum Gegenstand hat, bleibt der Begriff Inhaltsanalyse problematisch; genauer wäre wohl *kategoriengeleitete Textanalyse*" (Mayring, 2010, S. 13).

Grundlegend wichtig ist es, im Rahmen der qualitativen Inhaltsanalyse vorhandenes Material wie z. B. transkribierte Interviews nicht isoliert zu betrachten, sondern als „Teil einer Kommunikationskette" (Mayring, 2010, S. 29) zu behandeln. Weiterhin muss qualitative Inhaltsanalyse alltagsorientiert sein, sich an der Perspektive des, um beim Interview zu bleiben, Interviewpartners orientieren und sollte nie als abgeschlossene Analyseform betrachtet werden, da grundsätzlich jederzeit die Möglichkeit besteht, bereits interpretiertes Datenmaterial noch einmal rezuinterpretieren (vgl. Mayring, 2010, S. 38).

Nach Mayring beinhaltet die Entwicklung einer qualitativ orientierten Inhaltsanalyse folgende Bestandteile, die unbedingt einzuhalten sind: Erstens muss das Datenmaterial in den Kommunikationszusammenhang eingebettet werden, das heißt, es wird nicht lediglich der Text als solcher, sondern dieser auch im Zusammenhang mit seiner Entstehung und seiner Wirkung interpretiert. Zweitens ist ein systematisches und regelgeleitetes Vorgehen bedeutsam, denn die qualitative Inhaltsanalyse kann nicht als standardisiertes Analyseinstrument betrachtet werden, sondern muss sich immer am vorhandenen Datenmaterial und der zugrundeliegenden Forschungsfrage orientieren und sich speziell darauf anpassen. Drittens müssen im Zentrum der Analyse besonders Kategorien stehen, d. h. dass bereits die Ziele der Analyse in Kategorien formuliert werden, um die Analyse nicht nur zu strukturieren, sondern sie auch für andere Personen nachvollziehbar zu gestalten. Viertens ist es wichtig, dass im Rahmen der qualitativen Inhaltsanalyse nicht die technischen Aspekte des Vorgehens, sondern vor allem der Gegenstandsbezug im Vordergrund steht. Vorhandene Techniken sollen somit nicht einfach von einem Forschungsgegenstand auf den nächsten übertragen werden, sondern sollen sich speziell an den jeweiligen Gegenstand anpassen und sich an ihm orientieren. Fünftens ist es von Bedeutung, spezifische Instrumente anhand von Pilotprojekten zu überprüfen, also deren Umsetzbarkeit vor der eigentlichen Forschung auf Stolpersteine zu testen. Sechstens ist es unabdingbar, dass die Analyse theoriegeleitet ist. Damit ist gemeint, dass im gesamten Forschungsverfahren der bereits vorhandene Forschungsstand zu allen Verfahrensschritten hinzugezogen wird. „Inhaltliche Argumente sollten in der qualitativen Inhaltsanalyse immer Vorrang vor Verfahrensargumenten haben; Validität geht vor Reliabilität" (Mayring, 2010, S. 51). Siebtens ist es bedeutsam, quantitative Analyseschritte einzubeziehen, da die qualitative Inhaltsanalyse grundsätzlich eine Verknüpfung qualitativer und quantitativer Methoden anstrebt. Achtens und damit letztlich sind Gütekriterien von hoher Bedeutung, denn Validität, Reliabilität und Objektivität sind wichtige Kriterien nicht nur quantitativer sondern auch qualitativer Forschungskontexte, die es im Forschungsverlauf immer wieder zu überprüfen gilt. (vgl. Mayring, 2010, S. 48-52)

„Die Stärke der qualitativen Inhaltsanalyse gegenüber anderen Interpretationsverfahren (besteht darin), dass die Analyse in einzelne Interpretationsschritte zerlegt wird, die vorher festgelegt werden. Dadurch wird sie für andere nachvollziehbar und intersubjektiv überprüfbar, dadurch wird sie übertragbar auf andere Gegenstände, für andere benutzbar, wird sie zur wissenschaftlichen Methode" (Mayring, 2010, S. 59).

Die exakte Vorgehensweise und Umsetzung dieser Zergliederung wird aber nicht in diesem Kapitel, sondern im nun folgenden Kapitel erörtert und anhand des für diese Thesis konkreten Forschungsthema erstellt, um einen direkten Bezug zwischen theoretischen Vorgaben Mayring und praktischer Implementierung der Forschungsfrage herzustellen.

4.3.1 Auswertung anhand der qualitativen Inhaltsanalyse im Rahmen des Forschungsprojektes

An dieser Stelle wird nun die Datenanalyse des hier fokussierten Forschungsthemas detailliert dargestellt. Die einzelnen Verfahrensschritte ergeben sich aus konkreten Umsetzungsvorgaben Mayrings und werden vor der Darstellung selbst anhand dieser Vorgaben erklärt und begründet. Als Orientierung bezüglich der einzelnen Verfahrensschritte lässt sich folgende Grafik festhalten. Die darauf definierten einzelnen Verfahrensaspekte werden im Folgenden anhand des hier zu operationalisierenden Forschungsthemas dargestellt.

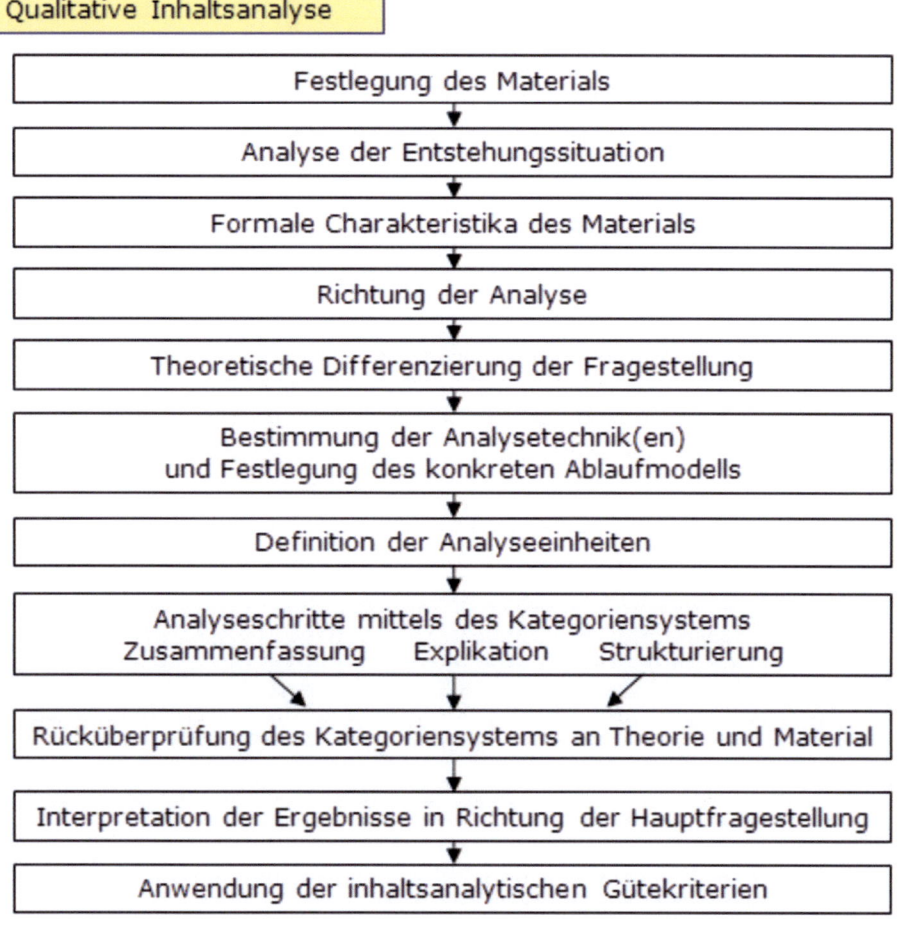

(QSF, 11.11.2011)

69

Mayring gibt an, dass im Rahmen der qualitativen Inhaltsanalyse zunächst das Ausgangsmaterial bestimmt werden muss. Die folgende Bestimmung des Ausgangsmaterials bezieht sich auf die für diese Thesis geführten Interviews und orientiert sich im Hinblick auf die Umsetzung der Bestimmung an Beispielmaterial von Mayring, das die Bestimmung des Ausgangsmaterials in folgende drei Punkte gliedert (vgl. Mayring, 2010, S.54f.):

a) Festlegung des Materials
Beim vorhandenen Datenmaterial handelt es sich um vier Interviews mit Personen, die sich auf unterschiedliche Weise im Kontext Altenpflegeheim bewegen. Zur Datenanalyse wurden jeweils die Passagen gewählt, die sich auf den Bedarf von Altenpflegeheimbewohnern beziehen. Die Auswahl des Materials richtete dabei ihren Fokus jedoch auf die Anschaulichkeit der Daten und hatte somit das Ziel, lediglich eine Tendenz aufzuzeigen. Ein Repräsentativitätsanspruch lag somit nicht vor. Im Einzelnen handelt es sich bei den Interviews um:
Fall A: Altenpflegeheimbewohner
Fall B: Heimleiterin
Fall C: Mitarbeiter des MDK
Fall D: Pflegedienstleitung

Alle vier Personen haben ihre jeweilige Position bereits mindestens zwei Jahre inne und weisen somit einen ausgeprägten Erfahrungswert in Bezug auf den Kontext Altenpflegeheim vor. Die Teilnehmer wurden durch ein Snowball-Sampling über die am Interview teilnehmende Heimleiterin gewonnen und von der Interviewerin direkt angesprochen.

b) Analyse der Entstehungssituation
Die Teilnahme an den jeweiligen Interviews geschah für die betreffenden Personen selbstverständlich auf freiwilliger Basis. Die Interviews selbst wurden in Form offener Leitfadeninterviews konzipiert und fanden je nach Interviewpartner im Altenpflegeheimzimmer des Bewohners, in den Büroräumen der Heimleiterin, im Aufenthaltsbereich der Pflegedienstleiterin und in den Büroräumen der Forscherin für den von extern stammenden Mitarbeiter des MDK statt.

c) Formale Charakteristika des Materials
Die Interviews wurden mit einem USB-Audiogerät aufgenommen und anschließend anhand des gesprächsanalytischen Transkriptionssystems (GAT) transkribiert. Die Transkriptionsregeln wurden bereits in Kapitel 4.2.3

erläutert und sollen an dieser Stelle nicht mehr ausführlich dargestellt werden.

Weiterhin betont Mayring die Bedeutung der Fragestellung für die Umsetzung der qualitativen Inhaltsanalyse und die konkrete Darstellung der Fragestellung als Auswertungsschritt in Bezug auf die Richtung der Analyse und die theoriegeleitete Differenzierung der spezifischen Fragestellung. Denn, so betont er, „Ohne spezifische Fragestellung, ohne die Bestimmung der Richtung der Analyse ist keine Inhaltsanalyse denkbar. Mann kann einen Text nicht ‚einfach so' interpretieren" (Mayring, 2010, S. 56). Bei der Richtung der Analyse geht es speziell darum, ob man etwas über den Textgegenstand, den Verfasser des Textes oder die Textwirkung für die Zielgruppe erfahren möchte, bei der theoriegeleiteten Differenzierung der eigenen Fragestellung geht es darum, dass sich die Forschungsfrage selbst immer an bereits vorhandener Theorie orientieren muss und sich aus dieser heraus begründen sollte (vgl. Mayring, 2010, S. 56f.). Bezüglich der Richtung der Analyse bezieht sich Mayring besonders auf das inhaltsanalytische Kommunikationsmodell, welches mögliche Ziele und Zusammenhänge inhaltsanalytischer Kommunikation darstellt:

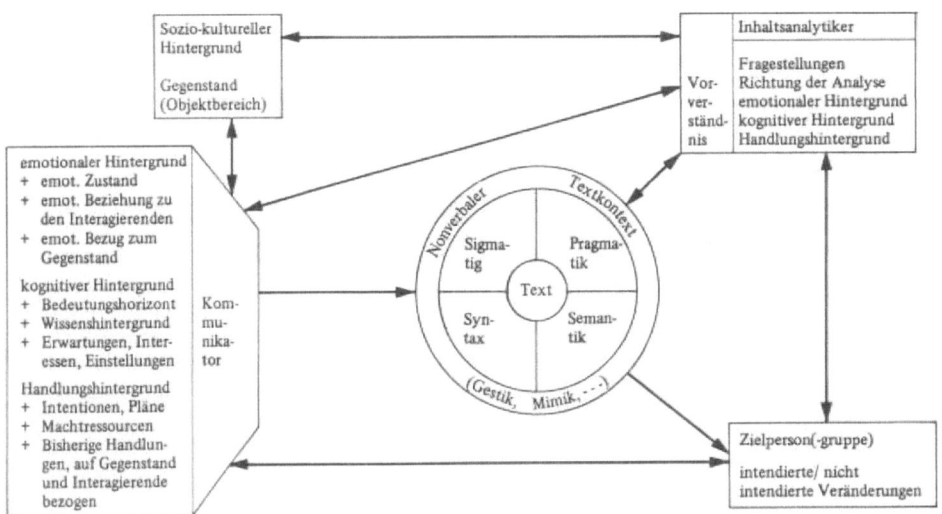

(Vorburger/Meyer, 11.11.2011)

72

Diese beiden Punkte, d. h. die Richtung der Analyse und die theoriegeleitete Differenzierung der Fragestellung werden nun in Bezug auf die hier zu implementierende Forschungsfrage dargestellt und orientieren sich ebenfalls an Beispielmaterial Mayrings (Mayring, 2010, S. 58):

a) Richtung der Analyse

Das Forschungsprojekt und damit auch der Fokus der Analyse richten sich nach dem Textgegenstand. In den offenen Leitfadeninterviews sollen die Probanden sowohl über ihre Einschätzung zum Bedarf von Altenpflegeheimbewohnern, ihre persönlichen Erfahrungen und ihren Wissensstand zu diesem Thema und auch ihren eigenen biographischen Hintergrund berichten, um aus diesem eventuell Schlüsse über dessen Zusammenhang mit deren Aussagen und Einschätzungen ziehen zu können. Bezieht man sich auf das inhaltsanalytische Kommunikationsmodell, so lassen sich demnach Einschätzungen der Probanden zu ihrem kognitiven Hintergrund, emotionalen Hintergrund und Handlungshintergrund (wie sie auch in der Grafik des inhaltsanalytischen Kommunikationsmodells dargestellt sind) als Richtung der Analyse festhalten, denn es besteht sowohl Interesse an deren emotionalem Bezug zum Gegenstand, als auch an deren Wissenshintergrund, Einstellungen und Intentionen und bisherigen Handlungen in Bezug auf den Gegenstand, welche als Aspekte der drei Ebenen des Kommunikators im inhaltsanalytischen Kommunikationsmodell verzeichnet sind.

b) Theoriegeleitete Differenzierung der Fragestellung

Die Interviews enthalten Aussagen von vier Personen, die sich auf unterschiedliche Art und Weise im Kontext Altenpflegeheim bewegen, über deren persönliche Einschätzung zum Bedarf von Altenpflegeheimbewohnern. Die bisherige Literatur über den Bedarf von Altenpflegeheimbewohnern sagt aus, dass besonders das Streben nach Autonomie als Grundbedürfnis von Altenpflegeheimbewohner manifestiert werden kann (vgl. Josat, 2010, S. 183). In diesem Zusammenhang ist es nun interessant zu erfahren, ob sich die Einschätzungen der einzelnen Probanden, besonders des Altenpflegeheimbewohners selbst, mit dieser Aussage decken, oder ob andere Aspekte zum Bedarf von Altenpflegeheimbewohnern aus den Interviewmaterialien zum Vorschein kommen. Aus diesem Interesse heraus ergibt sich nun folgende, in Kapitel 1.1 bereits genannte Forschungsfrage: Schätzen Personen, die sich beruflich im Kontext Altenpflegeheim bewegen, den Bedarf von Altenpflegeheimbewohnern genauso ein, wie Altenpflegeheimbewohner selbst?

In Bezug auf die eigentliche Analyse des Datenmaterials betont Mayring, dass sich sowohl die qualitative Inhaltsanalyse als auch andere qualitative Analyseverfahren wie z. B. die objektive Hermeneutik auf *„drei Grundformen des Interpretierens* (…): Zusammenfassung, Explikation und Strukturierung"(Mayring, 2010, S. 64f.) zurückführen lassen. Bei der Zusammenfassung geht es nach Mayring darum, das vorhandene Datenmaterial auf wesentliche Inhalte zu reduzieren, ohne das Grundmaterial dabei zu verfälschen. Im Rahmen der Explikation soll zusätzliches Material hinzugezogen werden, um zu einem höheren Verständnis fraglicher Textstellen beizutragen. Die Strukturierung hingegen soll einzelne Aspekte des Datenmaterials herausgreifen und diese nach festgelegten Kriterien einschätzen bzw. aus bestimmten Ordnungskriterien heraus einen Querschnitt durch das Datenmaterial zu ziehen. (vgl. Mayring, 2010, S. 64f.)

Mayring weist aber auch darauf hin, dass diese drei Grundformen des Interpretierens zunächst „noch weiter differenziert werden (müssen), bevor eine genaue Ablaufbeschreibung möglich ist" (Mayring, 2010, S. 65). So unterscheidet er bei der Zusammenfassung zwischen der Zusammenfassung als solcher, die das gesamte Datenmaterial erfasst und reduziert und der induktiven Kategorienbildung, die nur bestimmte zuvor festgelegte Teile des Datenmaterials erfasst und reduziert. Bei der Explikation unterscheidet er zwischen der engen Kontextanalyse, d. h. Erklärung einer Textstelle anhand des Textkontextes und der weiten Kontextanalyse, d. h. der Erklärung einer Textstelle durch heranziehen weiteren Materials. Die Strukturierung weist laut Mayring vier verschiedene Differenzierungen auf, die jedoch alle vier auf deduktiver Kategorienanwendung, also auf einem zuvor festgelegten Hauptkategoriensystem basieren. Die erste Differenzierung ist die formale Strukturierung, die die innere Struktur des Datenmaterials herausfiltern soll. Die inhaltliche Strukturierung hingegen greift das Datenmaterial nach bestimmten thematischen Inhalten heraus und fasst diese zusammen. Die typisierende Strukturierung greift sich einzelne auffällige Ausprägungen des Datenmaterials heraus, um diese expliziter zu definieren. Die skalierende Strukturierung letztlich schätzt das Datenmaterial nach bestimmten Dimensionen in jeweilige Skalenformen ein. (vgl. Mayring, 2010, S. 65f.)

Aus den gerade erörterten Varianten der qualitativen Inhaltsanalyse vor dem Hintergrund der hier zu bearbeitenden Forschungsfrage fällt die Entscheidung der Implementierung auf die Variante der Zusammenfassung. Diese wird zur Analyse des Datenmaterials für diese Thesis genutzt, da Aussagen und Einschätzungen zum Bedarf von Altenpflegeheimbewohnern aus dem gesamten Datenmaterial gefiltert werden sollen, um sicherzustellen, dass keine versteckte, aber dennoch wichtige Passage des Datenmaterials in der Analyse verloren geht.

Mayring führt die Zusammenfassung in tabellarischer Form durch, dabei bildet er aus Textpassagen, die er durch Seitenzahlen in der Tabelle kennzeichnet zunächst Paraphrasen. Diese generalisiert er in der nächsten Tabellenspalte. Inhaltlich gleichartige Generalisierungen werden zusammengestrichen. Die übrigen Generalisierungen werden in der nächsten Spalte weiter reduziert. Aus diesem Vorgang bilden sich dann Kategorien, die es anschließend in der Diskussion zu interpretieren gilt. (vgl. Mayring, 2010, S. 69-72)

Die Vorgehensweise dieser Analyse wird sich eng an den Vorgaben Mayrings orientieren. Hinzu kommt eine Spalte mit der Angabe der Zeilennummern der jeweiligen Textpassagen, aus denen Paraphrasen gebildet werden, um eine Übersichtlichkeit des entnommenen Datenmaterials zu intensivieren. Diese Spalte wird sich direkt neben der Spalte, die die Seitenzahl angibt befinden. Die sehr ausführliche Analysetabelle könnte aus Kapazitätsgründen in den Anhang verschoben werden. Ihre Platzierung im Anhang würde sie aber aus dem Kontext der Thesis und dem Kontext der Analyse reißen. Hier gehen m. E. inhaltlich Gründe vor, bzw. wenn man sich nach den Vorgaben Mayrings in Kapitel 4.3 richtet, der Gegenstandsbezug muss über technischen Aspekten stehen. Aus diesem Grund wird die tabellarische Bearbeitung dieser Analyse nun folgend dargestellt:

Fall	S.	Zeile	Nr.	Paraphrase	Generalisierung	Reduktion
A	1	10-11	1	Den Kinder nicht zur Last zu fallen durch Einzug ins Heim	Keine Belastung darstellen	K1: Bewohner möchte keine Belastung darstellen
A	2	17-18	2	Sehr gute Heimleitung vor Ort	Qualität der Heimleitung	K2: Bewohner betont die Qualität des Heims in den Punkten: Heimleitung Betreiber Beschäftigungsangebote Biographiearbeit
A	2	19-20	3	Nicht Leitung sondern Betreiber mindern die Qualität des Altenpflegeheims	Qualität der Betreiber	

Fall	S.	Zeile	Nr.	Paraphrase	Generalisierung	Reduktion
A	2	27	4	Meine gemeinsame Vorliebe mit einem anderen Altenpflegeheimbewohner zu Doppelkopf führt zum Heimeinzug	Gemeinsame Interessen führen zu Heimeinzug	K3: Bewohner betont soziale Aspekte wie: Persönliche Kontakte Persönliche Interessen Individuelle Betrachtung der einzelnen Bewohner Persönliche Teilhabe trotz körperlicher Einschränkungen Vereinsamungsgefahr im Heim
A	2	34	5	Ich habe im Altenheim neue Freundschaften geschlossen	Der Heimeinzug führt zu neuen Freundschaften	
A	3	5	6	Ich bin wegen der günstigen Anbindung in dieses Heim gezogen	Günstige Anbindung führt zu Heimeinzug	K4: Bewohner betont strukturelle Aspekte des Heims wie: Günstige Anbindung Schöne Umgebung Praktische Durchführung Versorgung Mitnahme persönlicher Möbel Raumaufteilung Zimmergröße und Beleuchtung Entscheidungsfreiheit bei der Zimmereinrichtung Möglichkeit, sich im Heim ein zu Hause zu schaffen
A	3	5	7	Ich bin wegen der schönen Umgebung in dieses Heim gezogen	Schöne Umgebung führt zu Heimeinzug	
A	3	5	8	Ich bin wegen der praktischen Durchführung in dieses Heim gezogen	Praktische Durchführung führt zu Heimeinzug	
A	3	6-8	9	Ein barrierefreier Gang verband das Gebäude, in dem ich lebe mit dem, in dem meine Frau lebte	Barrierefreie Verbindung zwischen zwei Gebäudeteilen führt zu Heimeinzug	

76

Fall	S.	Zeile	Nr.	Paraphrase	Generalisierung	Reduktion
A	3	23-24	10	Interessen von Residenzbewohnern und Pflegebedürftigen sind sehr verschieden	Bedarf ist abhängig von der Pflegestufe	
A	3	25	11	Uns war wichtig, in einer schönen Umgebung zu leben	Schöne Umgebung ist wichtig	
A	3	25	12	Wir wollten versorgt sein	Versorgt zu sein ist wichtig	
A	3	26	13	Wir konnten gemeinsam essen trotz Unterbringung in verschiedenen Gebäuden	Kontakt halten trotz Entfernung	
A	3-4	34-5	14	Wir konnten unsere eigenen Möbel mitzubringen	Mitnahme persönlicher Möbel	
A	4	6-7	15	Wir konnten eine Atmosphäre schaffen, die ein zu Hause geworden ist	Sich zu Hause fühlen	
A	4	11-17	16	Ambulanter Pflegedienst wäre für mich eine Alternative zur Pflegestation	Ambulante Pflege als Alternative zu stationärer Pflege	K5: Bewohner sieht ambulanten Dienst als Alternative zur Pflegestation
A	4	18	17	Günstige Umstände und Umgebung sind mir wichtig	Umstände und Umgebung	
A	4	18	18	Die Raumaufteilung ist für mich ideal	Geeignete Raumaufteilung	
A	4	18-19	19	Einbringen eigener Möbel ist mir wichtig	Mitnahme persönlicher Möbel	
A	4	19-25	20	Ich hatte die Erlaubnis, einen eignen Internetanschluss im Zimmer einzurichten	Virtuelle Interessen im Heim erhalten	
A	4	26-30	21	Zimmergröße und -beleuchtung sind mirwichtig	Zimmergröße und Beleuchtung	
A	4	30-34	22	Ich konnte mein Zimmer selbstständig nach meinen Vorlieben einrichten	Entscheidungsfreiheit bei der Zimmereinrichtung	
A	5	12-20	23	Meine Sehschwäche erschwert den Kontakt zu anderen Menschen	Wunsch nach Teilhabe trotz körperlicher Einschränkungen	

Fall	S.	Zeile	Nr.	Paraphrase	Generalisierung	Reduktion
A	5	22-25	24	Am Computer kann ich die Buchstaben größer stellen	Wunsch nach Teilhabe trotz körperlichen Einschränkungen	
A	6	2-6	25	Meine Sehschwäche erschwert die Orientierung in der Stadt	Wunsch nach Teilhabe trotz körperlichen Einschränkungen	
A	6	30-32	26	Internetzeitungen lassen sich am PC vergrößern	Wunsch nach Teilhabe trotz körperlichen Einschränkungen	
A	7	6-8	27	Ich halte Heimbewohner für Individuen mit unterschiedlichen Biographien und Ansprüchen	Heimbewohner sollen als Individuen betrachtet werden	
A	7	8-14	28	Ich sehe, dass Menschen immer später in ein Altenpflegeheim ziehen	Menschen ziehen sehr spät in Heime	K6: Bewohner sieht steigendes Alter der Menschen beim Heimeinzug sehr kritisch und bemängelt deren damit verbundene fortgeschrittene Pflegebedürftigkeit
A	7	17-19	29	Ich glaube ein späterer Einzug ändert die Bedürfnisse und führt zu Apathie	Späterer Einzug ist mit stärkeren Einschränkungen verbunden	
A	7	23-25	30	Ich finde, Beschäftigungsangebote finden auf unterstem Niveau statt	Qualität der Angebote	
A	7	26-29	30	Ich glaube, Personen, die Beschäftigungsangebote durchführen, halten diese sicher für sinnvoll	Qualität der Angebote	
A	8	1-2	31	Ich höre, dass die die noch aufnahmefähig sind, die Beschäftigungsangebote nicht besuchen	Qualität der Angebote	
A	8	2-3	32	Ich finde, der demographischer Wandel äußert sich in Überalterung der Altenheime	Menschen ziehen sehr spät in Heime	

Fall	S.	Zeile	Nr.	Paraphrase	Generalisierung	Reduktion
A	8	7-9	33	Ich finde, die Bewohner werden oft allein gelassen	Vereinsamungsgefahr im Altenheim	
A	8	12	34	Ich wünsche mir weniger Routine, sondern mehr kreative neue Angebote	Qualität der Angebote	
A	8	22-27	35	Ein bestimmtes Lied macht mich aufgrund früherer Erlebnisse ärgerlich	Heimbewohner sollen als Individuen betrachtet werden	
A	8-9	32-3	36	Ich denke, man kann nicht alle Bewohner gleichermaßen zufriedenstellen	Heimbewohner sollen als Individuen betrachtet werden	
A	9	4	37	Ich bin der Meinung, Heime sollten die Individualität der Bewohner ergründen	Heimbewohner sollen als Individuen betrachtet werden	
A	9	4-15	38	Nutzung von Biographiebögen finde ich nicht ideal	Qualität Biographiearbeit	
A	9	17-20	39	Ich sehe den Pflegeberuf als sehr belastenden Beruf	Qualität der Pflege bei starker Belastung der Pfleger	K7: Bewohner kritisiert die hohe Belastung, die dem Pflegeberuf auferlegt wird
A	9	22-24-	40	Ich habe Verständnis für Pfleger, die ihren Beruf routinemäßig durchführen	Qualität der Pflege bei starker Belastung der Pfleger	
A	9	24-27	41	Es gibt für mich nicht ausschließlich gutes Pflegepersonal	Qualität der Pflege bei starker Belastung der Pfleger	
A	9	27-30	42	Ich denke, gutes Personal wird verheizt, da es die Arbeit des schlechten Personals mitmachen muss	Qualität der Pflege bei starker Belastung der Pfleger	
A	9	30-32	43	Ich habe ein kritisches Verhältnis zur Qualität der Altenpflegeheimbenotung	Qualität der Benotung von Altenheimen	K8: Bewohner sieht das Benotungssystem von Altenpflegeheimen sehr kritisch

Fall	S.	Zeile	Nr.	Paraphrase	Generalisierung	Reduktion
A	10	4-10	44	Durch den goldenen Schlüssel können Altenpflegeheime aus meiner Sicht in der Benotung nicht so gut abschneiden, wie sie es tun	Qualität der Benotung von Altenheimen	
B	1	29-32	45	Ich finde, die Bewohner sollen ein Rundumpaket bekommen, mit dem sie sich im Heim wohl und gewertschätzt fühlen und ein Stück Heimat erleben	Bewohner sollen sich zu Hause	K9: Heimleiterin betont soziale Aspekte in den Punkten: Bewohner sollen sich Hause fühlen Sozialen Bezug zu Mitarbeitern und Bewohnern Respekt Teilhabe Individualität der Bewohner Vereinsamungsgefahr entgegenwirken Würdevolles Sterben und Auseinandersetzung mit dem Tod
B	1	33	46	Ich denke, das Geschirr muss sauber sein	Sauberes Geschirr	K10: Heimleiterin betont Qualität des Heims in den Punkten: Sauberes Geschirr Essen Pflege Hausmeisterdienst Umgang mit Demenz Biographiearbeit 87b-Kräfte
B	1-2	34-1	47	Ich denke Essen ist für die Bewohner immer wichtig	Essen hat hohe Bedeutung	
B	2	2-4	48	Ich finde, die Pflege soll gut versorgen, Fähigkeiten entfalten und unterstützen	Qualität der Pflege	
B	2	4-6	49	Ich sehe, der soziale Dienst betrachtet den Menschen, seine Biographie und bietet ihm Beschäftigung	Unterstützung Sozialdienst	

Fall	S.	Zeile	Nr.	Paraphrase	Generalisierung	Reduktion
B	2	6-8	50	Ich sehe, der Hausmeister hilft den Bewohnern bei handwerklichen Reparaturen	Unterstützung Hausmeister	
B	2	9-15	51	Ich sehe, die Reinigungskräfte haben engen Kontakt und Vertrauensverhältnis zu den Bewohnern, weshalb eine Reinigungsfirma nicht infrage kommt	Reinigungskräfte sind enge Bezugspersonen für die Bewohner	
B	2	18-19	52	Ich führe das Heim so, dass Angehörige und Bewohner Respekt erfahren	Respektvoller Umgang	
B	2	21-22	53	Ich hole Veranstaltungen von außen ins Heim, damit die Bewohner sie wahrnehmen können	Teilhabe trotz körperlicher Einschränkungen	
B	3	13-15	54	Ich sehe, dass demente Bewohner mehr Zeit brauchen als wir leisten können	Demente Bewohner brauchen Zeit	K11: Heimleiterin betont strukturelle Aspekte in den Punkten: Mehr Zeitaufwand für demente Bewohner Generationenverbinde nde Maßnahmen Neue Wohnformen Entscheidungsfreiheit der Bewohner Ausbau Ehrenamt Mehr Fachkräfte
B	3	22-24	55	Ich wünsche mir von der Politik ein Umdenken, was Wohnformen im Alter betrifft	Neue Wohnformen	
B	4	11	56	Ich biete selbst eine Singgruppe an	Beschäftigungsan gebote	
B	4	12-13	57	Ich besuche Bewohner, denen es schlecht geht, selbst	Kontaktpflege	
B	4	30-31	58	Ich finde, Wohnformen müssen immer wieder diskutiert werden	Neue Wohnformen	

Fall	S.	Zeile	Nr.	Paraphrase	Generalisierung	Reduktion
B	5	10-15	59	Ich sehe, dass Kinder einen ganz anderen Zugang zu dementen Menschen haben	Generationen verbinden	
B	5	17-19	60	Ich denke, jeder muss für sich ausprobieren, was passt, weil es keine Patentlösung gibt	Individuelle Lebensführungen	
B	6	2-8	61	Ich finde, unsere Bewohner haben hier Freiheit, ein eigenes Zimmer, Versorgung, Mitbestimmung in der Pflege, Wahl wo sie essen, Kontakte und Angebote	Entscheidungsfreiheit	
B	6	13-15	62	Ich finde, im Heim sind die Menschen nicht allein	Kontakte zu anderen Menschen	
B	6	16-17	63	Ohne Animation verstummen manche Bewohner	Vereinsamungsgefahr	
B	6	20-21	64	Ich denke, das Ehrenamt prägt sich stärker aus	Mehr Ehrenamt	
B	7	15-19	65	Ich finde, durch den Wegfall der Zivis fehlen Menschen, die sich langfristig für den Pflegeberuf interessieren	Wunsch nach mehr Fachkräften	
B	7	25	66	Ich weiß nicht, wie lange Altenheime noch existieren	Existenz Altenheime	K12: Heimleiterin sieht langfristige Finanzierung von Altenheimen kritisch
B	8	4-6	67	Ich halte Palliativmedizin und ein würdevolles Sterben für ein wichtiges Thema	Würdevolles Sterben	
B	8	21-24	68	Ich sehe, dass die Menschen immer später ins Heim einziehen	Menschen ziehen sehr spät in Heime	K13: Heimleitung sieht steigendes Alter bei Personen, die in ein Heim einziehen kritisch
B	8	24-27	69	Ich sehe erhöhten Bedarf an steigenden Zahlen dementer Bewohnern	Demente Bewohner brauchen Zeit	

Fall	S.	Zeile	Nr.	Paraphrase	Generalisierung	Reduktion
B	8	27-33	70	Ich denke, Pflegekräfte müssen intensiver auf Umgang mit Demenz geschult werden	Qualität im Umgang mit Demenz	
B	8-9	34-10	71	Steigende Demenzzahlen erfordern aus meiner Sicht geschulteren Umgang und gesellschaftliches Umdenken	Qualität im Umgang mit Demenz	
B	10	16-23	72	Ich finde für ein würdevolles Sterben müssen Bewohner deutlich machen, wie sie ihre Bestattung wünschen	Mit dem Sterben auseinandersetzen	
B	10	30-32	73	Ich finde die Bewohner sollten vorher sagen, wie ihr Sterbeprozess gestaltet werden soll	Mit dem Sterben auseinandersetzen	
B	11	26-33	74	Ich finde es wichtig, dass Sozialdienst und Pflegekräfte mit der Biographie der Bewohner arbeiten	Biographiearbeit	
C	1	17-23	75	Ich finde, Pflege und soziale Betreuung sind wichtig, vor allem Kontraktur-, Sturz-, Dekubitusgefahr, Ernährungs- und Flüssigkeitsversorgung und 87b-Kräfte	Pflege und soziale Betreuung sind wichtig, auch 87b-Kräfte	K14: MDK betont Qualität in den Punkten: Pflege Sozialdienst 87b-Kräfte Biographiearbeit Bedarfsermittlung Beschäftigungsange-bote
C	1	27-29	76	Ich denke, Biographie und Bedarf nicht gruppenfähiger Bewohner muss erfasst werden	Biographiearbeit	
C	1	30-31	77	Ich sehe, dass Altenheime glauben, dass die Biographie des Bewohners mit dem Heimeinzug endet	Qualität Biographiearbeit	

Fall	S.	Zeile	Nr.	Paraphrase	Generalisierung	Reduktion
C	1-2	32-1	78	Wir vom MDK müssen den Bedarf des Bewohners an sozialer Betreuung ermitteln	Bedarf muss individuell ermittelt werden	
C	2	1-2	79	Ich weiß, der Bewohner hat das Recht auf soziale Betreuung an 6 Tagen pro Woche	Bewohner haben ein Recht auf soziale Betreuung	K15: MDK betont strukturelle Aspekte in den Punkten: Recht auf soziale Betreuung Mehr Fachkräfte Neue Wohnformen
C	2	14-17	80	Ich finde, Vorlieben und Abneigungen des Bewohners müssen erfasst sein	Der Bewohner muss individuell betrachtet werden	K16: MDK betont soziale Aspekte in den Punkten: Individuelle Betrachtung der Bewohner Schutz der Bewohner vor Auswirkungen betrieblicher Konflikte
C	2	19-20	81	Ich sehe, dass der frühere Beruf oft als Vorliebe eingestuft wird, obwohl es keine ist	Qualität Biographiearbeit	
C	2	22-27	82	Wir hören oft von Bewohnern, dass die Angebote nicht stimmen und hinterfragen deren Interessen	Qualität Beschäftigungsangebote	
C	4	3-10	83	Ich sehe, dass Pflege und Sozialdienst oft gegeneinander arbeiten, was sich negativ auf die Bewohner auswirkt	Qualität der Zusammenarbeit von Pflege und Sozialdienst wirkt sich auf Bewohner aus	
C	6	29-33	84	Ich finde, demente Menschen müssen von Fachkräften und nicht von Freiwilligen betreut werden	Mehr Fachkräfte	
C	7	28-29	85	Ich erlebe den Pflegeberuf als anstrengend	Qualität der Pflege bei starker Belastung der Pfleger	K17: MDK bemängelt hohe Belastung und Ausnutzung der Pflegekräfte

Fall	S.	Zeile	Nr.	Paraphrase	Generalisierung	Reduktion
C	8	18-26	86	Ich weiß, die Pflege in Deutschland hat im Vergleich zu anderen Ländern keine Tätigkeitbeschreibung was zu Ausnutzung der Pflegekräfte führt	Qualität der Pflege bei starker Belastung der Pfleger	
C	9	6-11	87	Ich sehe, dass Pflegekräfte sich nicht abgrenzen, sondern ausnutzen lassen	Qualität der Pflege bei starker Belastung der Pfleger	
C	10	3-4	88	Ich finde, es braucht neue Wohnformen wie Wohngemeinschaften	Neue Wohnformen	
D	1	28-29	89	Ich glaube, die Menschen brauchen mehr Zeit	Mehr Zeit	K18: Pflegedienstleitung betont soziale Aspekte in den Punkten: Mehr Zeit für Bewohner Pflegepersonal als Bezugspersonen der Bewohner
D	2	7-8	90	Ich finde, es gibt zu wenig Personal	Mehr Personal	K19: Pflegedienstleitung betont strukturelle Aspekte in den Punkten: Mehr Personal Mehr Zeit führ demente Bewohner Neue Wohnformen
D	2	10-14	91	Ich finde demente Menschen nehmen mehr Zeit in Anspruch	Demente Menschen brauchen mehr Zeit	K20: Pflegedienstleitung betont Qualität in den Punkten: Unterstützung durch 87b-Kräfte Nutzen für Bewohner durch Qualitätsprüfung des MDK
D	2	19-26	92	Ich sehe, die 87b-Kräfte fangen Zeit mit den Bewohnern ab	Unterstützung durch 87b-Kräfte	
D	2-3	34-1	93	Dokumentation raubt mir Zeit für Bewohner	Mehr Zeit	
D	3	10-11	94	Ich sehe, dass Fachkräfte fehlen	Mehr Fachkräfte	

Fall	S.	Zeile	Nr.	Paraphrase	Generalisierung	Reduktion
D	3	12-21	95	Ich denke, kleine generationsübergreifende Wohngruppen wären sinnvoll, weil sich Heime nicht mehr lange halten	Neue Wohnformen	
D	3	31-34	96	Ich möchte mir Zeit für die Bewohner nehmen, aber dann bleibt die Dokumentation liegen	Mehr Zeit	
D	4	2-10	97	Einsame Bewohner suchen unsere Nähe und wir versuchen Bezugsperson zu sein	Pfleger wirken Vereinsamungsgefahr entgegen	
D	5	14	98	Die Prüfung des MDK finde ich für die Bewohner gut	Prüfung der Qualität der Heime ist hilfreich für Bewohner	

Zu Beginn dieses Kapitels wird in der Grafik zur Abfolge der qualitativen Inhaltsanalyse als einer der letzten Schritte die Rücküberprüfung des Kategoriensystems an Theorie und Material dargestellt. Diese Rücküberprüfung fand einerseits in der nochmaligen Sichtung des Datenmaterials statt. Die Rücküberprüfung anhand der Theorie fand erst im späteren Verlauf nach der Erstellung des fünften Kapitels statt. Denn wie bereits eingangs erwähnt, wurde auch das zweite Kapitel aus Gründen der weitestgehenden Objektivität erst nach Erstellung der Datenanalyse und deren Ergebnissen statt. Beide Rücküberprüfungen ergaben jedoch keine weiteren Kategorien.

Im Folgenden werden nun die Ergebnisse der Analyse des Materials in Form der gerade angesprochenen Tabellen dargestellt.

5. Ergebnisse der Datenanalyse

Zu Beginn dieses Kapitels sollen nun die Ergebnisse der Datenanalyse dargestellt werden, die aufgrund folgender Überlegungen entstanden sind: Das Erkenntnisinteresse besteht darin, Einschätzungen von vier verschiedenen Personen zum Bedarf von Altenpflegeheimbewohnern zu erhalten. Dabei geht es, wie in Kapitel 1.2 definiert, nicht nur darum, welchen Bedarf Altenpflegeheimbewohner in Bezug auf das Altenpflegeheim, sondern auf ihre Lebensumstände insgesamt haben. Die Interviews aller vier Personen wurden somit dahingehend analysiert, als dass alle Aussagen gefiltert wurden, die einen Bezug zum Bedarf von Altenpflegeheimbewohnern aufweisen. Dabei lag der Fokus aber nicht ausschließlich auf konkreten Aussagen wie: „Ich glaube, alte Menschen brauchen…", sondern auch auf Themen, die durch die Interviewpartner insgesamt besonders betont oder auffällig ausschweifend dargestellt wurden. Aus diesen Betonungen und Ausschweifungen ergibt sich die mögliche Interpretation der Forscherin, dass diese Themen für die Probanden eine hohe Bedeutung im Kontext des Bedarfs von Altenpflegeheimbewohnern haben können, auch wenn diese Themen in der jeweiligen Textstelle nicht explizit als Bedarf von Altenpflegeheimbewohnern formuliert werden.

Weiterhin soll an dieser Stelle betont werden, dass in diesem Kapitel lediglich die Kategorien, die sich aus der Datenanalyse ergeben, dargestellt und verglichen werden. Dabei ist es nochmals wichtig zu erwähnen, dass die Analyse der Daten besonders den Vergleich der Aussagen der vier Probanden im Blick hat, da sich die Forschungsfrage schließlich auf den Vergleich der verschiedenen Einschätzungen der befragten Personen bezieht. Aus diesem Grund wurden die Kategorien bezogen auf den jeweiligen Probanden erstellt und Generalisierungen zur weiteren Reduktion nur dann herausgestrichen, sofern diese bei dem jeweils im Fokus stehenden Probanden mehrfach vorkamen.

Im Folgenden werden nun die einzelnen Kategorien dargestellt und anschließend im Hinblick auf Parallelen und Abweichungen der Aussagen verglichen.

K1: Bewohner möchte keine Belastung darstellen
K2: Bewohner betont die Qualität des Heims in den Punkten:
- Heimleitung
- Betreiber
- Beschäftigungsangebote

- Biographiearbeit

K3: Bewohner betont soziale Aspekte wie:
- Persönliche Kontakte
- Persönliche Interessen
- Individuelle Betrachtung der einzelnen Bewohner
- Persönliche Teilhabe trotz körperlicher Einschränkungen
- Vereinsamungsgefahr im Heim

K4: Bewohner betont strukturelle Aspekte des Heims wie:
- Günstige Anbindung
- Schöne Umgebung
- Praktische Durchführung
- Versorgung
- Mitnahme persönlicher Möbel
- Raumaufteilung
- Zimmergröße und Beleuchtung
- Entscheidungsfreiheit bei der Zimmereinrichtung
- Möglichkeit, sich im Heim ein zu Hause zu schaffen

K5: Bewohner sieht ambulanten Dienst als Alternative zur Pflegestation

K6: Bewohner sieht steigendes Alter der Menschen beim Heimeinzug sehr kritisch
und bemängelt deren damit verbundene fortgeschrittene Pflegebedürftigkeit

K7: Bewohner kritisiert die hohe Belastung, die dem Pflegeberuf auferlegt wird

K8: Bewohner sieht das Benotungssystem von Altenpflegeheimen sehr kritisch

K9: Heimleiterin betont soziale Aspekte in den Punkten:
- Bewohner sollen sich Hause fühlen
- Sozialen Bezug zu Mitarbeitern und Bewohnern
- Respekt
- Teilhabe
- Individualität der Bewohner
- Vereinsamungsgefahr entgegenwirken
- Würdevolles Sterben und Auseinandersetzung mit dem Tod

K10: Heimleiterin betont Qualität des Heims in den Punkten:
- Sauberes Geschirr
- Essen
- Pflege
- Hausmeisterdienst
- Umgang mit Demenz
- Biographiearbeit
- 87b-Kräfte

K11: Heimleiterin betont strukturelle Aspekte in den Punkten:
- Mehr Zeitaufwand für demente Bewohner
- Generationenverbindende Maßnahmen
- Neue Wohnformen
- Entscheidungsfreiheit der Bewohner
- Ausbau Ehrenamt
- Mehr Fachkräfte

K12: Heimleiterin sieht langfristige Finanzierung von Altenheimen kritisch

K13: Heimleitung sieht steigendes Alter bei Personen, die in ein Heim einziehen
    kritisch

K14: MDK betont Qualität in den Punkten:
- Pflege
- Sozialdienst
- 87b-Kräfte
- Biographiearbeit
- Bedarfsermittlung
- Beschäftigungsangebote

K15: MDK betont strukturelle Aspekte in den Punkten:
- Recht auf soziale Betreuung
- Mehr Fachkräfte
- Neue Wohnformen

K16: MDK betont soziale Aspekte in den Punkten:
- Individuelle Betrachtung der Bewohner
- Schutz der Bewohner vor Auswirkungen betrieblicher Konflikte

K17: MDK bemängelt hohe Belastung und Ausnutzung der Pflegekräfte

K18: Pflegedienstleitung betont soziale Aspekte in den Punkten:
- Mehr Zeit für Bewohner
- Pflegepersonal als Bezugspersonen der Bewohner

K19: Pflegedienstleitung betont strukturelle Aspekte in den Punkten:
- Mehr Personal
- Mehr Zeit führ demente Bewohner
- Neue Wohnformen

K20: Pflegedienstleitung betont Qualität in den Punkten:
- Unterstützung durch 87b-Kräfte
- Nutzen für Bewohner durch Qualitätsprüfung des MDK

Diese zwanzig Kategorien bezogen auf die Einschätzungen vier verschiedener Probanden zum Bedarf von Altenpflegeheimbewohnern weisen insgesamt sowohl verschiedene Parallelen als auch Abweichungen auf. Der besondere Fokus der Interpretation dieser Ergebnisse liegt überwiegend auf den Einschätzungen der beruflich im Kontext Altenpflegeheim tätigen Personen, im Vergleich zu den Einschätzungen des Altenpflegeheimbewohners selbst. Im Folgenden sollen diese jedoch lediglich aufgezeigt, bevor sie erst in Kapitel 6 in Verknüpfung mit der eingangs dargestellten zugrundeliegenden Literatur interpretiert und diskutiert werden. Die Darstellung der Parallelen und Aufzählungen basieren sowohl auf der Tabelle im vierten Kapitel, den transkribierten Interviews, als auch auf den Kategorien, die sich aus der Tabelle ergeben und in diesem Kapitel zuletzt aufgelistet wurden.

Zunächst ist auffällig, dass nicht nur der Altenpflegeheimbewohner, sondern auch der Mitarbeiter des MDK sowohl die Beschäftigungsangebote als auch die Umsetzung der Biographiearbeit scharf kritisieren, während die Heimleiterin beide Punkte hingegen als wichtige Bereiche betrachtet und die Pflegedienstleitung selbst zumindest die Biographiearbeit mit keinem Wort erwähnt, sondern lediglich den sozialen Dienst und die 87b-Kräfte als wichtige Unterstützung benennt.
Spannend ist auch, dass der Bewohner großen Wert auf persönliche Kontakte sowohl mit seiner Frau als auch mit andern Bewohnern und Mitarbeitern des Altenpflegeheims legt. Auch die Heimleiterin und die Pflegedienstleiterin betonen den Stellenwert persönlicher Kontakte von Altenpflegeheimbewohnern, die Heimleiterin allerdings lediglich bezogen auf andere Bewohner und verschiedene Mitarbeiter. Die jeweiligen Angehörigen der Altenpflegeheimbewohner erwähnt sie nicht. Der Mitarbeiter des MDK wiederum erwähnt die Bedeutung persönlicher Kontakte für Altenpflegeheimbewohner mit keinem Wort, sondern erwähnt lediglich die Bedeutung des Sozialdienstes sehr knapp und allgemein.

Auch die persönlichen Interessen, wie in diesem Fall der Zugang zum Internet, sind dem Bewohner sehr wichtig. Interessant ist im Vergleich allerdings, dass lediglich der Mitarbeiter des MDK darauf eingeht, dass die Ermittlung des Bedarfs der einzelnen Bewohner ermittelt werden muss und somit deren Interessen eine Bedeutung zukommen lässt, während weder die Heimleiterin noch die Pflegedienstleiterin auf diesen Aspekt eingehen.

Weiterhin betont der Altenpflegeheimbewohner, dass Menschen in einem Altenpflegeheim Individuen sind und als solche auch betrachtet und behandelt werden müssen. In diesem Punkt herrscht zumindest eine hohe Übereinstimmung mit der Heimleiterin und dem Mitarbeiter des MDK, die beide diesen Aspekt ebenfalls erwähnen. Die Pflegedienstleiterin geht darauf aber nicht ein.

Auch die persönliche Teilhabe am gesellschaftlichen Geschehen spielt für den Altenpflegeheimbewohner eine wichtige Rolle, besonders aufgrund seiner alters- und gesundheitsbedingten Einschränkungen, die ihm diese Teilhabe erschweren. Diese Auffassung teilt zumindest die Heimleiterin mit ihm und sorgt aus dieser Auffassung heraus sogar dafür, externe Veranstaltungen, wie Vernissagen o.ä. in das Altenpflegeheim zu bringen, um auch immobilen Bewohnern Teilhabe zu ermöglichen. Der Mitarbeiter des MDK und die Pflegedienstleiterin sprechen diesen Aspekt nicht an.

Ebenfalls übereinstimmend formulieren sowohl der Altenpflegeheimbewohner als auch die Heimleiterin die Vereinsamungsgefahr der Bewohner, indem sich nicht rund um die Uhr um diese gekümmert werden kann. Der Mitarbeiter des MDK und die Pflegedienstleitung sprechen dies nicht direkt an.

Interessant ist, dass der Altenpflegeheimbewohner Wert darauf legt, versorgt zu sein. Die Heimleiterin fasst diesen Begriff noch weiter und betont die Bedeutung für die Bewohner von sauberem Geschirr, der Qualität des Essens, der Pflege, aber auch des Hausmeisterdienstes. Der Mitarbeiter des MDK hingegen spricht lediglich die Pflege allgemein an, während die Pflegedienstleitung selbst die Bedeutung ihrer Arbeit für die Bewohner nicht direkt anspricht.

Weiterhin von Bedeutung ist für den Altenpflegeheimbewohner seine Entscheidungsfreiheit bei der Gestaltung seines Zimmers. Die Heimleiterin hingegen erweitert den Begriff der Entscheidungsfreiheit sogar auf die Themenbereiche des eigenen Zimmers, der Versorgung, der Mitbestimmung in der Pflege, der Wahl wo sie essen, der Kontakte und der Angebote. Der Mitarbeiter des MDK und die Pflegedienstleiterin sprechen diesen Aspekt nicht direkt an. Bei Aussagen des MDK-Mitarbeiters zur Biographiearbeit könnte der Aspekt der Entscheidungsfreiheit zwar hineininterpretiert werden, dies geschieht aber erst in Kapitel 6.

Auch von Bedeutung ist für den Altenpflegeheimbewohner die Möglichkeit, sich auch in einem Altenpflegeheim ein zu Hause schaffen zu können. Jedoch betont auch diesen Aspekt außer dem Altenpflegeheimbewohner lediglich die Heimleiterin.

Kritisch betrachtet der Bewohner hingegen das steigende Alter der Personen, die heute in ein Altenpflegeheim ziehen und deren damit verbundene steigende Pflegebedürftigkeit. Diesen Aspekt sieht auch die Heimleiterin aufgrund der damit verbundenen meist stärker ausgeprägt körperlichen und dementiellen Erkrankungen kritisch. Der Mitarbeiter des MDK und die Pflegedienstleiterin erwähnen dieses Thema nicht.

In einem Punkt allerdings sind sich alle vier Probanden einig, die hohe Belastung, der die Pflegekräfte ausgeliefert sind. Während der Altenpflegeheimbewohner dies nicht nur kritisiert, sondern sogar sehr viel Verständnis für solche Pflegekräfte aufbringt, die ihren Beruf nur noch mechanisch durchführen, plädieren sowohl die Heimleiterin, als auch der Mitarbeiter des MDK und die Pflegedienstleiterin in diesem Zusammenhang für mehr Fachkräfte und bessere strukturelle Rahmenbedingungen des Pflegeberufes.

Spannend ist auch, dass der Altenpflegeheimbewohner erwähnt, dass ein ambulanter Pflegedienst für ihn eine Alternative zur stationären Pflege wäre. Dieser Aspekt wird aber durch die anderen Personen nicht erwähnt.

Allerdings betonen sowohl die Heimleiterin, als auch der Mitarbeiter des MDK und die Pflegedienstleiterin die Notwendigkeit neuer Wohnformen, vorzugsweise kleine Wohngruppen oder generationenübergreifende Wohnformen. Diesen Aspekt spricht hingegen der Altenpflegeheimbewohner nicht an.

Folgende Aspekte, die der Altenpflegeheimbewohner angesprochen hat, wurden jedoch durch die anderen drei Probanden nicht thematisiert. So betonte er nicht nur die Qualität einer Heimleitung und der Betreiber eines Altenpflegeheims, sondern sah auch Aspekte wie eine günstige Anbindung, schöne Umgebung, praktische Durchführung und die Mitnahme seiner persönlichen Möbel als wichtige Kriterien für die Wahl des Einzugs in ein bestimmtes Altenpflegeheim. Auch die Raumaufteilung, -größe und -beleuchtung spielen dabei für ihn eine zentrale und wichtige Rolle. Letztlich betonte der Altenpflegeheimbewohner besonders seine Skepsis bezogen auf die meist außergewöhnlich positive Benotung von Altenpflegeheimen, die seiner Meinung nach laut goldenem Schlüssel nicht in dieser Ausprägung so positiv sein kann. Die Benotung wird jedoch von den anderen drei Probanden in keinem Satz angesprochen.

Folgende Punkte wurden von den beruflich im Kontext Altenpflegeheim tätigen Personen thematisiert, blieben aber innerhalb der Aussagen des Altenpflegeheimbewohners unerwähnt. So betont besonders die Heimleiterin die Bedeutung des würdevollen Sterbens und der Auseinandersetzung mit dem eigenen Tod, um somit auch von Seiten des Heims auf besondere Wünsche des sterbenden Menschen eingehen zu können. Diesen Aspekt spricht außer ihr allerdings kein anderer Proband direkt an.

Auch die Bedeutung des respektvollen Umgangs mit Altenpflegeheimbewohnern aber auch deren Angehörigen, sowie den Stellenwert generationenübergreifender Maßnahmen, wie Verknüpfungen von Kindergärten und Pflegeheimen, aber auch den Ausbau des Ehrenamtes thematisiert lediglich die Heimleiterin.

Der Umgang mit dementen Bewohnern wird hingegen von allen drei beruflich involvierten Probanden angesprochen. Während die Heimleiterin jedoch sowohl die steigenden Zahlen dementer Bewohner als auch den damit verbundenen zeitlichen Mehraufwand und die Notwendigkeit der Schulung der Pflegekräfte in diesem Schwerpunkt betont, spricht der Mitarbeiter des MDK vor allem davon, dass demente Bewohner nicht von freiwillig engagierten Menschen, sondern von Fachkräften betreut werden müssen. Die Pflegedienstleiterin hingegen betont vor allem, dass demente Menschen mehr Zeit des Pflegepersonals benötigen, die es nur schwer aufbringen kann.

Weiterhin betonen alle drei beruflich involvierten Probanden die Entlastung der Mitarbeiter durch die neu eingeführten 87b-Kräfte, die als sogenannte Demenzhelfer eine Unterstützung für den Pflegebereich darstellen und durch alle drei beruflich involvierten Probanden als wichtige Ergänzung angesehen werden.

Ein weiterer kritischer Punkt, der durch die Heimleiterin angesprochen wird, ist die unklare langfristige Finanzierung von Altenpflegeheimen. Diesen Aspekt spricht die Pflegedienstleiterin nur kurz in Verbindung mit der Notwendigkeit neuer Wohnformen an. Auch der Mitarbeiter des MDK erwähnt das Thema, allerdings lediglich in Bezug auf Auseinandersetzungen, die er im Rahmen seiner beruflichen Tätigkeit mit Heimleitern im Hinblick auf seine Qualitätsprüfungen erlebt.

Aspekte die lediglich der Mitarbeiter des MDK anspricht, sind das Recht der Bewohner auf soziale Betreuung und der Schutz der Bewohner vor Auswirkungen betrieblicher Konflikte, die er besonders zwischen den Mitarbeitern der Pflege und den Mitarbeitern des Sozialdienstes erlebt.

Lediglich von der Pflegedienstleiterin wird hingegen ganz konkret der Wunsch nach mehr Zeit für die Bewohner thematisiert. Weiterhin ist sie aber auch die einzige Probandin, die ganz klar trotz Schwierigkeiten zwischen dem MDK und den Pflegekräften den Nutzen der Qualitätsprüfungen durch den MDK für die Bewohner anspricht.

Diese Ergebnisse lassen an dieser Stelle bereits erkennen, dass die Einschätzungen der verschiedenen Probanden zunächst durchaus einige Parallelen aufweisen. Sie unterscheiden sich nicht gänzlich voneinander und es entsteht der Eindruck, dass sich die beruflich im Altenpflegeheim tätigen Personen insgesamt durchaus bewusst darüber sind, welchen Bedarf Altenpflegeheimbewohner allgemein in diesem Kontext haben. Jedoch lässt sich auch erkennen, dass jeder Proband seinen ganz persönlichen Hintergrund, seine ganz persönlichen Erfahrungen und somit auch seine ganz persönlichen individuellen und dadurch von den anderen Probanden abweichenden Einschätzungen aufweist und einbringt. Dieser Aspekt soll im Rahmen des sechsten Kapitels ausführlicher behandelt werden.
Diese vielen Parallelen wie Abweichungen sollen nun u. a. im folgenden Kapitel interpretiert werden. Dies soll nicht nur anhand des Datenmaterials selbst, sondern auch in enger Verknüpfung mit der eingangs aufgeführten theoretischen Basis dieser Thesis geschehen.

6. Diskussion

Dieses Kapitel umfasst nun folgend zwei Diskussionsparts. Zum einen eine inhaltliche Diskussion, die sich auf die erhobenen Daten in enger Verknüpfung mit den eingangs dargestellten Theorien und dem aktuellen Forschungsstand bezieht. Zum anderen eine strukturelle Diskussion, die den Verlauf der Forschung im Rahmen dieser Thesis kritisch beleuchtet. Im folgenden Unterkapitel soll nun zunächst die inhaltliche Diskussion erfolgen.

6.1 Inhaltliche Diskussion

Die gerade dargestellten Daten sollen nun in enger Verbindung mit dem theoretischen Hintergrund, der in Kapitel 2 thematisiert wurde, interpretiert werden. Besonders spannend sind nahezu alle der 20 Kategorien vor dem Hintergrund der Bedürfnispyramide von Maslow. Zur Erinnerung: Dieser fand heraus, dass Menschen die gleichen hierarchisch angeordneten Bedürfnisse haben, nämlich Grundbedürfnisse wie Nahrung, Flüssigkeit und Schlaf, Sicherheitsbedürfnisse wie Wohn- und Arbeitsumfeld, soziale Bedürfnisse wie Freundschaften, Liebesbeziehungen und die Zugehörigkeit zu Gruppen, Ich Bedürfnisse wie der Wunsch nach Anerkennung und Geltung und das Bedürfnis der Selbstverwirklichung, die besonders wertvolle Tätigkeiten und die Teilnahme an Wertideen beinhaltet. Fast alle der 20 aus dem Datenmaterial gebildeten Kategorien lassen in ihren Aussagen eine Verknüpfung mit den Inhalten der Bedürfnispyramide vermuten.
So lässt bspw. die erste Kategorie vermuten, dass sich hinter der Aussage, dass der Altenpflegeheimbewohner für andere Personen keine Belastung darstellen möchte, ein Ich Bedürfnis und damit der Wunsch nach Anerkennung und Geltung und die gleichzeitige Sorge, diese Anerkennung und Geltung durch eine pflegebedingte Abhängigkeit von anderen Personen zu verlieren, verbirgt.
Hinter der zweiten Kategorie lassen sich gleich zwei Aspekte der Bedürfnispyramide vermuten. Denn einerseits betont der Altenpflegeheimbewohner die Qualität der Heimleitung und der Heimbetreiber, was ein Sicherheitsbedürfnis vermuten lässt, da sein Wohnumfeld stark abhängig von der Qualität der Heimleitung und der Betreiber ist. Weiterhin betont er aber auch die Qualität der Beschäftigungsangebote. Aus dieser Aussage heraus, ließen sich möglicherweise der Wunsch nach Selbstverwirklichung und damit der Wunsch nach Teilhabe und sinnvoller Tätigkeit interpretieren.

Die dritte Kategorie beinhaltet, dass der Altenpflegeheimbewohner soziale Aspekte wie persönliche Kontakte, persönliche Interessen, individuelle Betrachtung der einzelnen Bewohner und persönliche Teilhabe trotz körperlicher Einschränkungen betont. Auch hier ließen sich zwei Aspekte der Bedürfnispyramide vermuten. So könnte man den Bedeutungsgrad der persönlichen Kontakte möglicherweise als soziales Bedürfnis interpretieren, während persönliche Interessen, individuelle Betrachtung der Bewohner und der Wunsch nach Teilhabe dem Bedürfnis nach Selbstverwirklichung zugeschrieben werden könnten.

In der vierten Kategorie wird deutlich, dass der Altenpflegeheimbewohner diverse strukturelle Aspekte wie die günstige Anbindung, die schöne Umgebung, die praktische Durchführung, die Versorgung, die Mitnahme persönlicher Möbel, die Raumaufteilung, die Zimmergröße, die Entscheidungsfreiheit bei der Zimmereinrichtung und die Möglichkeit, sich im Heim ein zu Hause zu schaffen, betont. Die Aspekte Anbindung, Umgebung, praktische Durchführung, Mitnahme persönlicher Möbel, Raumaufteilung und Zimmergröße ließen sich eventuell als Sicherheitsbedürfnisse interpretieren, denn auch das Zimmer in einem Altenpflegeheim mit seinen Besonderheiten lässt sich als Wohnraum des Altenpflegeheimbewohners definieren. Er lebt dort und wird dies sehr wahrscheinlich bis zu seinem Tod tun. Daher sollte auch der Wohnraum Altenpflegeheim m. E. dem Altenpflegeheimbewohner ein Gefühl der Sicherheit geben können. Der Aspekt der Versorgung ließe sich möglicherweise als Grundbedürfnis interpretieren, denn Versorgung beinhaltet m. E. in erster Linie Nahrungs- und Flüssigkeitsbereitstellung, welche Bestandteile der Grundbedürfnisse in Maslows Bedürfnispyramide sind. Die Aspekte der Entscheidungsfreiheit bei der Zimmereinrichtung und der Möglichkeit sich im Altenpflegeheim ein zu Hause zu schaffen ließen sich wahrscheinlich als Bedürfnis der Selbstverwirklichung interpretieren, denn diese zwei Aspekte lassen vermuten, dass der Altenpflegeheimbewohner Wertideen anstrebt, indem er die Gestaltung seines Zimmers selbst entscheidet.

Auch die fünfte Kategorie lässt vermuten, dass der Altenpflegeheimbewohner sein Bedürfnis nach Selbstverwirklichung äußert, indem er den ambulanten Pflegedienst als für ihn persönlich vorstellbare Alternative zur Pflegestation formuliert. Auch diesbezüglich lässt sich mutmaßen, dass er sich seine Entscheidungsfreiheit und Selbstständigkeit bewahren möchte und an Entscheidungen direkt teilhaben möchte.

Kategorie 6 hingegen lässt vermuten, dass der Altenpflegeheimbewohner die Selbstverwirklichung anderer Bewohner als gefährdet betrachtet. Denn er bemängelt, dass Menschen heute erst in einem sehr hohen Alter in ein Altenpflegeheim ziehen. Das hohe Alter steht dabei in enger Verbindung mit ebenfalls steigenden körperlichen Beeinträchtigungen und führt zur Apathie, wie der Altenpflegeheimbewohner betont. Maslow weist darauf hin, dass ein nicht erfülltes Bedürfnis nach Selbstaktualisierung zu routinierten Handlungen und Desinteresse führt. Man könnte dieses Desinteresse auch als Apathie definieren. Aus diesem Grund ließe sich eventuell interpretieren, dass Kategorie 6 auf mangelnde Möglichkeiten der Selbstaktualisierung hinweist.

Die siebte Kategorie bezieht der Bewohner ebenfalls nicht auf sich selbst, sondern in diesem Fall auf das Pflegepersonal und weist auf dessen hohe berufliche Belastung hin. In dieser Aussage ließe sich vermutlich herauslesen, dass er die Ich Bedürfnisse des Pflegepersonals, nämlich deren Anerkennung und Geltung gefährdet sieht.

Kategorie 8 lässt sich m. E. nicht auf einen Baustein der Bedürfnispyramide beziehen. In dieser Kategorie bemängelt der Altenpflegeheimbewohner das Benotungsverfahren des MDK bezüglich der Qualität von Altenpflegeheimen. Dies ist allerdings ein Thema, welches er strukturell betrachtet sehr weit fasst. Es lassen sich m. E. keine direkten Bedürfnisse, die mit der Maslow'schen Pyramide zusammenhängen verknüpfen.

Die folgenden Kategorien befassen sich nun mit den Aussagen der Heimleiterin. So betont diese in der neunten Kategorie verschiedene soziale Aspekte wie Bewohner sollen sich zu Hause fühlen, sozialen Bezug zu Mitarbeitern und anderen Bewohnern haben, Respekt und Teilhabemöglichkeiten erhalten, individuell betrachtet werden, vor Vereinsamung geschützt werden und die Möglichkeit eines würdevollen Sterbens und der Auseinandersetzung mit dem Tod erhalten. Die Aspekte dass sich die Bewohner zu Hause fühlen, teilhaben, vor Vereinsamung geschützt, würdevoll sterben und sich mit dem Tod auseinander setzen sollen, ließe sich möglicherweise als Wunsch der Heimleiterin nach stärkerer Selbstverwirklichung der Bewohner interpretieren. Denn diese Aspekte stellen m. E. alle den Anspruch, die Bewohner teilhaben und selbst entscheiden zu lassen. Der Aspekt des sozialen Bezugs der Bewohner zu Mitarbeitern und anderen Bewohnern ließe eventuell auf den Wunsch der Heimleiterin nach ausgeprägter Erfüllung sozialer Bedürfnisse der Bewohner schließen. Respekt und individuelle Betrachtung hingegen sind Aspekte, die den Wunsch der Heimleiterin nach Erfüllung der Ich Bedürfnisse der Bewohner vermuten ließe, denn diese beinhalten vor allem die Anerkennung und Geltung des Menschen, die m. E. in engem Bezug zu den Aspekten Respekt und individuelle Betrachtung stehen.

In der zehnten Kategorie wird deutlich, dass die Heimleiterin die Qualität ihrer Einrichtung hinsichtlich einzelner Aspekte wie sauberem Geschirr, der Qualität des Essens, der Pflege, des Hausmeisterdienstes, dem Umgang mit dementen Bewohnern, der Biographiearbeit und den 87b-Kräften betont. Die Aspekte des sauberen Geschirr, des Essens, der Pflege und des Hausmeisterdienstes lassen sich m. E. wahrscheinlich als Grundbedürfnisse definieren. Denn diese Punkte lassen sich m. E. unter dem Begriff der Versorgung zusammenfassen, welcher bereits im Rahmen der vierten Kategorie als Grundbedürfnis interpretiert wurde. Hingegen stellt sich die Frage, ob die Aspekte des Umgangs mit dementen Bewohnern und die Qualität der Biographiearbeit und der 87b-Kräfte, d. h. der Demenzhelfer nur mit einem Baustein der Maslow'schen Bedürfnispyramide in Verbindung bringen lassen. Denn dies sind drei sehr umfangreiche Arbeitsbereiche, die sicherlich alle in enger Verbindung zu sozialen Kontakten zwischen Personal und Bewohner und damit der Erfüllung sozialer Bedürfnisse stehen. Jedoch sind sicherlich auch die Ich Bedürfnisse und die Selbstverwirklichung wichtige Bestandteile dieser Arbeitsbereiche. Denn sowohl in der Arbeit mit dementen Bewohnern, als auch in der Umsetzung von Biographiearbeit spielen Anerkennung, Geltung und Teilhabe der Bewohner sicherlich eine ganz entscheidende Rolle.

In der elften Kategorie wird deutlich, dass die Heimleiterin strukturelle Aspekte betont. Darunter fällt zum einen der hohe Zeitaufwand des Personals in der Betreuung dementer Bewohner, der nach Aussage der Heimleiterin nicht refinanziert wird, die Bedeutung Generationen verbindender Maßnahmen, die zukünftige Rolle neuer Wohnformen, die Entscheidungsfreiheit der Bewohner, der Ausbau des Ehrenamtes und der Wunsch nach mehr Fachkräften. Der Zeitaufwand für demente Bewohner, die Generationen verbindenden Maßnahmen und der Ausbau des Ehrenamtes lassen sich m. E. womöglich mehreren Bausteinen der Bedürfnispyramide zuordnen. So könnten diese darauf hinweisen, dass sich die Heimleiterin für ihre Bewohner mehr soziale Kontakte wünscht und somit deren sozialen Bedürfnissen entgegenkommen möchte, durch den Kontakt mit in diesem Fall Mitarbeitern, Ehrenamtlichen oder jungen Menschen könnte ihr Wunsch auch auf die Selbstverwirklichung der Bewohner abzielen, denn durch die Zeit, die sie mit anderen Menschen verbringen, nehmen sie am Geschehen teil, erleben womöglich gemeinsame Beschäftigung mit diesen Menschen und haben somit das Gefühl einer sinnvollen Tätigkeit nachzugehen. Der Aspekt der neuen Wohnformen kann ebenfalls verschiedene Bausteine der Maslow'schen Bedürfnispyramide enthalten. So können andere Wohnformen (die Heimleiterin spricht in diesem Fall besonders WG's an) einerseits das

Sicherheitsbedürfnis alter und hochbetagter Menschen befriedigen, zu denen die Wohnform allgemein direkt in Bezug steht. Sie können aber auch soziale Bedürfnisse der alten und hochbetagten Menschen beinhalten, da sie mit anderen Menschen zusammen wohnen. Letztlich können sie auch zur Selbstverwirklichung dieser Menschen beitragen, sofern diese sich im Rahmen einer WG o. ä. gegenseitig unterstützen und füreinander da sein können. Der Aspekt der Entscheidungsfreiheit könnte möglicherweise auch als Wunsch der Heimleiterin nach Selbstverwirklichung der Bewohner interpretiert werden, da diese am Geschehen aktiv teilhaben können, wenn sie ihre Entscheidungen selbst treffen können. Er könnte aber auch als Wahrung der Ich Bedürfnisse der Bewohner durch die Heimleiterin interpretiert werden, indem sie durch die Gewährung der Entscheidungsfreiheit gegenüber den Bewohnern ihren Respekt ausdrücken möchte. Der Wunsch nach mehr Fachkräften kann ebenfalls mehrere Bedürfnisse beinhalten. Einerseits decken mehr Fachkräfte die Grundbedürfnisse der Bewohner wie Nahrung, Flüssigkeit, etc. zeitnah ab. Andererseits bedeuten mehr Fachkräfte auch mehr Zeit für die Bewohner, mehr Zeit für soziale Kontakte und somit mehr Zeit für die sozialen Bedürfnisse der Bewohner.

Kategorie zwölf beinhaltet die kritische Betrachtung der Heimleiterin bezüglich der langfristigen Finanzierung von Altenpflegeheimen. In dieser Kategorie könnten möglicherweise alle Bausteine der Bedürfnispyramide vermutet werden. Denn eine kaum mehr mögliche Finanzierung von Altenpflegeheimen würde nicht nur eine kaum ausreichende Versorgung und damit die schwere Erfüllung der Grundbedürfnisse bedeuten. Sie würde auch das Sicherheitsbedürfnis gefährden, würde aus Kostengründen ein Altenpflegeheim geschlossen werden und neue Wohnorte für die Bewohner nötig. Soziale Kontakte zu Mitarbeitern und anderen Bewohnern würden durch eine mögliche Schließung der Einrichtung abgebrochen und würden somit die sozialen Bedürfnisse gefährden. Die Ich Bedürfnisse der Bewohner würden sicherlich nicht befriedigt werden, indem man sie an andere Wohnorte verweisen müsste und auch deren Selbstverwirklichung wäre gefährdet, könnten sie doch nicht mehr selbst entscheiden, in dieser Einrichtung weiterzuleben und am Geschehen dort teilzuhaben.

Kategorie 13 beinhaltet die gleichen Bedenken der Heimleiterin hinsichtlich des steigenden Alters von Menschen zum Zeitpunkt eines Heimeinzuges, wie sie auch der Altenpflegeheimbewohner in Kategorie 6 äußert. Aus diesem Grund soll Kategorie 13 an dieser Stelle nicht ausführlich behandelt werden, sondern lediglich der Hinweis erfolgen, dass sich in dieser Kategorie ebenfalls der Wunsch nach vermehrter Selbstverwirklichung der Bewohner vermuten lässt.

Die folgenden Kategorien befassen sich nun mit den Aussagen des MDK-Mitarbeiters. So wird in Kategorie 14 deutlich, dass dieser vor allem Qualitätskriterien betont, besonders in den Punkten Pflege, Sozialdienst, 87b-Kräfte, Biographiearbeit, Bedarfsermittlung und Beschäftigungsangebote. Da er all diese Aspekte immer stark in Bezug mit den Wünschen und Ansprüchen der Bewohner setzt, lässt sich an dieser Stelle wahrscheinlich interpretieren, dass er all diese Aspekte als notwendige Wege sieht, die Wünsche der Bewohner zu respektieren, ihnen Anerkennung entgegenzubringen und diese Angebote nicht an den Bewohnern vorbeizuplanen. Somit ließe sich diese Kategorie womöglich auf die Ich Bedürfnisse der Bewohner beziehen.

In der fünfzehnten Kategorie lässt sich erkennen, dass der Mitarbeiter des MDK strukturelle Aspekte betont. So betont er das Recht der Bewohner auf soziale Betreuung, den Wunsch nach mehr Fachkräften und die Notwendigkeit neuer Wohnformen. Auch hier lässt sich möglicherweise interpretieren, dass der Mitarbeiter des MDK mit dem Recht der Bewohner auf soziale Betreuung auf deren Ich Bedürfnisse und damit auch auf Anerkennung und Respekt ihnen gegenüber hinweisen möchte. Der Wunsch nach mehr Fachkräften lässt ähnlich wie in Kategorie elf einen Zusammenhang mit den Grundbedürfnissen und den sozialen Bedürfnissen der Bewohner vermuten. Der Gedanke der neuen Wohnformen (auch der Mitarbeiter des MDK spricht wie auch die Heimleiterin von WG's) lässt ebenfalls wie in der elften Kategorie eine Verknüpfung mit Sicherheitsbedürfnissen, sozialen Bedürfnissen und der Selbstverwirklichung der Bewohner vermuten und soll somit an dieser Stelle nicht ausführlich behandelt werden, da dies bereits im Rahmen der elften Kategorie geschehen ist.

Kategorie 16 verdeutlicht, dass der Mitarbeiter des MDK ebenfalls soziale Aspekte wie die individuelle Betrachtung der Bewohner und den Schutz der Bewohner vor Auswirkungen betrieblicher Konflikte betont. Die individuelle Betrachtung der Bewohner, die auch die Heimleiterin in Kategorie 9 anspricht, lässt genau wie diese vermuten, dass der Mitarbeiter des MDK darauf hinweisen möchte, dass Bewohner als eigene Personen und nicht als homogene Masse gesehen, sondern respektiert und anerkannt werden müssen und somit deren Ich Bedürfnisse erfüllt werden sollen. Den Schutz der Bewohner vor Auswirkungen betrieblicher Konflikte bezieht der Mitarbeiter des MDK vor allem auf Konflikte zwischen dem Pflegepersonal und dem sozialen Dienst. Hieraus ließe sich eventuell interpretieren, dass es ihm wichtig ist, die Ich Bedürfnisse der Bewohner zu fokussieren und den respektvollen Umgang mit ihnen trotz betrieblicher Konflikte nicht in den

Hintergrund zu stellen, sondern deren Bedürfnisse über die eigenen Bedürfnisse des Personals zu stellen.

In der siebzehnten Kategorie hingegen geht der Mitarbeiter des MDK nicht auf die Bewohner, sondern auf das Pflegepersonal ein und bemängelt deren hohe berufliche Belastung und Ausnutzung. Damit spricht er das gleiche Thema an, wie der Altenpflegeheimbewohner in Kategorie 7, wodurch sich vermuten lässt, dass auch er damit die Ich Bedürfnisse des Pflegepersonals gefährdet sieht.

Die letzten drei Kategorien befassen sich mit den Aussagen der Pflegedienstleiterin. So wird in Kategorie 18 deutlich, dass diese soziale Aspekte betont. So spricht sie besonders an, dass das Personal mehr Zeit für die Bewohner benötigt als es aufbringen kann und dass die Bewohner das Pflegepersonal als Bezugspersonen nutzen. Der Wunsch nach mehr Zeit für die Bewohner kann m. E. verschiedentlich interpretiert werden. So kann sie sich einerseits für sich selbst durch mehr Zeit eine geringere Arbeitsbelastung wünschen und somit ihre eigenen Ich Bedürfnisse in den Fokus stellen. Sie kann aber auch möglicherweise mehrere Bedürfnisse der Bewohner damit fokussieren. So hat sie vielleicht durch mehr Zeit auch die Möglichkeit, verstärkt für die Bewohner da zu sein und sich somit deren sozialen Bedürfnissen zu widmen. Vielleicht kann sie durch mehr Zeit aber auch den Bewohnern mehr Anerkennung entgegenbringen und somit deren Ich Bedürfnisse erfüllen. Jedoch wäre es auch möglich, den Bewohnern durch mehr Zeit auch größere Möglichkeiten der Teilhabe und damit der Selbstverwirklichung zu bieten, indem sie sich intensiver mit ihnen beschäftigen kann. Der Aspekt des Pflegepersonals als Bezugsperson für die Bewohner lässt sich wahrscheinlich als Wunsch interpretieren, die sozialen Bedürfnisse der Bewohner aufzugreifen und ihnen einen engen persönlichen Kontakt zu bieten.

Kategorie 19 zeigt, dass die Pflegedienstleiterin auch strukturelle Aspekte betont. Dazu gehören konkret der Wunsch nach mehr Personal, mehr Zeit für demente Bewohner und neue Wohnformen. Der Wunsch nach mehr Personal lässt ähnlich wie in Kategorie elf und fünfzehn einen Zusammenhang mit den Grundbedürfnissen und den sozialen Bedürfnissen der Bewohner vermuten. Der Wunsch nach mehr Zeit lässt sich wie in Kategorie 11, in der die Heimleiterin den gleichen Aspekt äußerte, vermutlich auch mit den sozialen Bedürfnissen und der Selbstverwirklichung der Bewohner in Bezug setzen und soll an dieser Stelle nicht wie in Kategorie 11 weiter ausgeführt werden. Die neuen Wohnformen allerdings können ebenfalls wie Kategorie 11 und 15, innerhalb derer auch die Heimleiterin und der Mitarbeiter des MDK genau wie die Pflegedienstleiterin besonders die Wohngemeinschaften erwähnten, wahrscheinlich als Wunsch nach Sicherheitsbedürfnissen, sozialen Bedürfnissen und der Selbstverwirklichung der Bewohner interpretiert werden.

In der zwanzigsten und letzten Kategorie spricht die Pflegedienstleiterin besonders Aspekte der Qualität an, wie die Unterstützung durch die 87b-Kräfte und den Nutzen der Bewohner durch die Qualitätsprüfungen des MDK. Die Unterstützung durch die 87b-Kräfte wird bereits in Kategorie 14 von dem Mitarbeiter des MDK angesprochen. Während aber bei diesem vermutet wird, dass er damit die Ich Bedürfnisse der Bewohner fokussiert, wäre dies bei der Pflegedienstleiterin zwar auch denkbar. Möglicherweise könnte sie damit aber auch ihre eigene Anerkennung, Arbeitsbelastung und damit ihre eigenen Ich Bedürfnisse fokussieren. Der Nutzen der Bewohner durch die Qualitätsprüfungen des MDK kann letztlich m. E. alle Bausteine der Maslow'schen Bedürfnispyramide ansprechen. So kann eine Prüfung des MDK womöglich Defizite in der Versorgung der Bewohner aufdecken und Verbesserungsvorschläge unterbreiten, was die Grundbedürfnisse der Bewohner beinhalten würde. Jedoch kann eine solche Prüfung auch Wohnverhältnisse und somit die Sicherheitsbedürfnisse der Bewohner betrachten. Auch die Angebote im Rahmen der sozialen Betreuung fließen in eine solche Betreuung mit ein und befassen sich somit mit den sozialen Bedürfnissen der Bewohner. Letztlich hat eine solche Prüfung eben auch einen Kontrollcharakter gegenüber den Betreibern eines Altenpflegeheims und kann somit möglicher Willkür oder Vernachlässigung gegenüber Bewohnern entgegenwirken. Dies lässt sich m. E. womöglich auch mit den Ich Bedürfnissen und der Selbstverwirklichung der Bewohner in Bezug setzen. Denn gegenüber den Bewohnern ist es sicherlich auch ein Zeichen der Anerkennung und des Respektes, dass sie durch externe Personen im Kontext Altenpflegeheim durch eine solche Prüfung einen gewissen Schutz erfahren und weiterhin in solchen Prüfungen auch nach ihren eigenen Interessen und Wünschen gefragt werden.

Diese sehr ausführliche Aufzählung der einzelnen Kategorien in enger Verknüpfung mit den Inhalten der Maslow'schen Bedürfnispyramide lässt somit vermuten, dass die Angaben Maslows nach wie vor einen hohen Aktualitätsgrad aufweisen. Nahezu alle Kategorien ließen sich mit den Inhalten der Bedürfnispyramide in Bezug setzen. Betrachtet man sich diese Aufzählung nun genauer, fällt jedoch ein Aspekt besonders auf. Maslow ordnet die Inhalte seiner Bedürfnispyramide bewusst hierarchisch an, wie bereits in Kapitel 2 erwähnt wurde. In diesem Zusammenhang war es spannend zu betrachten, in welcher Häufigkeit die fünf verschiedenen

Bedürfnisse in die Aussagen der 20 Kategorien hineininterpretiert wurden. Aus diesem Grund wurden im Anschluss an diese Aufzählung die Häufigkeiten der einzelnen Bedürfnisse gezählt und aufgelistet. Daraus ergab sich, dass das Bedürfnis nach Selbstverwirklichung 17 Mal interpretiert wurde, die Ich Bedürfnisse 16 Mal, die sozialen Bedürfnisse 15 Mal. Lediglich die Sicherheitsbedürfnisse und die Grundbedürfnisse wurden jeweils 7 Mal aus den Kategorien heraus interpretiert. Diese Ergebnisse der Häufigkeit nach geordnet ergeben bis auf die letzten beiden Bedürfnisse exakt die gleiche hierarchische Anordnung wieder, wie sie auch Maslow in seiner Bedürfnispyramide strukturiert. Sicherlich handelt es sich hierbei lediglich um Interpretationen der Forscherin selbst, woraus sich keine allgemeine Gültigkeit ableiten lassen kann. Jedoch ist es auch im Rahmen einer Thesis, die lediglich eine Tendenz darstellen soll, durchaus spannend, dass sich aus der Analyse heraus nahezu die gleiche Anordnung der Bedürfnisse herauskristallisiert, wie sie Maslow ursprünglich entwickelte. Somit lässt sich vermuten, dass auch die Anordnung der einzelnen Inhalte seiner Bedürfnispyramide ebenfalls einen hohen Aktualitätsgrad aufweisen kann. Es lässt sich somit womöglich interpretieren, dass auch heute Menschen aller Art und somit auch Altenpflegeheimbewohner, so individuell, wie sie auch sein mögen, ihre Bedürfnisse auf Inhalte der Maslow'schen Bedürfnispyramide zurückführen könnten und diese in ähnlichen hierarchischen Anordnungen strukturieren könnten. Dieser Aspekt ließe sich m. E. hervorragend als Ausbildungsinhalt besonders in Altenpflegeschulen thematisieren. Denn das Wissen Maslows mit einem solchen Aktualitätsgrad würde sicherlich im Umgang mit Bewohnern, aber auch mit Kollegen oder auch sich selbst zu mehr Verständnis untereinander führen. So ließe sich vor allem auch Konflikten zwischen dem Pflegepersonal und dem sozialen Dienst möglicherweise entgegenwirken, von denen auch der Mitarbeiter des MDK in Kategorie 16 spricht. So würden die Inhalte der Bedürfnispyramide eventuell auch dem Pflegepersonal die Bedeutung der sozialen Bedürfnisse, der Ich Bedürfnisse und der Selbstverwirklichung verdeutlichen, die vorzugsweise im Rahmen der sozialen Betreuung und weniger im Pflegeprozess gefördert werden können.

Auch das eingangs dargestellte Salutogenese-Modell von Antonovsky lässt sich mit den für diese Thesis erhobenen Daten in engen Bezug setzen. Dabei liegt aber der Fokus in diesem Zusammenhang verstärkt auf dem interviewten Altenpflegeheimbewohner als auf den Aussagen der anderen Probanden. An dieser Stelle sollen jedoch nicht die einzelnen Kategorien, sondern vielmehr direkte Beispiele aus dem transkribierten Interview mit dem Bewohner zur Darstellung verwendet werden, da diese mit den Worten des Bewohners sehr plausibel und praxisnah den Bezug zum Salutogenese-Modell verdeutlichen können.

Eingangs wurde besonders durch Aussagen von Wiesmann et al deutlich, welche Bedeutung das Salutogenese-Modell besonders im hohen Alter aufweist. Diese betonten besonders das vermehrte Aufkommen von Stressoren durch altersbedingte körperliche Einschränkungen, den Tod des Ehepartners, etc. bei gleichzeitiger häufig positiver Einschätzung alter und hochbetagter Menschen bezüglich ihres Gesundheitszustandes. Auch der interviewte Altenpflegeheimbewohner vermittelt den Eindruck, zwar den Einfluss solcher Stressoren zu erleben. So betont er sowohl die steigenden Auswirkungen seiner Sehschwäche als auch den Tod seiner Frau, welche einen großen Einfluss auf seinen Alltag ausüben. Allerdings spricht er auch davon, wie er über die Aneignung von Computerkenntnissen bspw. seiner Sehschwäche entgegenwirkt. Auch die selbst gewählte Einrichtung seines Zimmers betont er im Interview häufig und vermittelt das Gefühl, dass er sich dort wohl fühlt. Diese Aspekte lassen sich m. E. vermutlich als Widerstandsressourcen interpretieren, die nach Antonovsky zur Bewältigung von Stressoren einen enormen Stellenwert aufweisen. Und auch ein stark ausgeprägtes Kohärenzgefühl lässt sich bei dem Altenpflegeheimbewohner vermuten. Dies äußert der Altenpflegeheimbewohner natürlich nicht direkt im Rahmen des Interviews. Jedoch wurde in Kapitel 2 verdeutlicht, dass Antonovsky davon ausgeht, dass ein gelingender Umgang mit Stressoren das Kohärenzgefühl durchaus steigert und wechselseitig ein gesteigertes Kohärenzgefühl wiederum zum gelingenden Umgang mit Stressoren beitragen kann. Dies schafft der Bewohner bspw. indem er Defizite wie seine Sehschwäche durch das Vergrößern von Onlinezeitungen auf dem Computerbildschirm ausgleicht. Insgesamt lässt sich die Ausprägung seines Kohärenzgefühls m. E. in einer seiner Aussagen im Interview auf die Frage, ob ihm etwas fehle, zusammenfassen. So antwortete er folgendermaßen: „mir fehlt insofern nichts weil ich das äh: was mir fehlte immer noch selbst schaffen konnte (Vgl. Interview vom 11. 08. 2011 mit Herrn Jakob, Bewohner Altenpflegeheim. Siehe Anhang, S. 130). Diese Aussage ist m. E. sehr bezeichnend für ein stark ausgeprägtes Kohärenzgefühl des Altenpflegeheimbewohners. Denn es lässt vermuten, dass er diverse Widerstandsressourcen mitbringt, durch die er verschiedenen Stressoren entgegenwirken kann, um somit sein Leben positiv und für sich wertvoll gestalten zu können.

Aus diesem Beispiel heraus lässt sich auch in Bezug auf das Salutogenese-Modell ein hoher Aktualitätsgrad vermuten. Es zeigt, dass auch alte und hochbetagte Menschen trotz ihrer altersbedingten Einschränkungen eigene Fertigkeiten aufbringen können, um mit diesen Einschränkungen umgehen zu können. Natürlich sind diese Fertigkeiten bzw. Widerstandsressourcen stark individuell, wie bereits in Kapitel 2 verdeutlicht wurde und liegen auch bei jedem alten oder hochbetagten Menschen in unterschiedlichster Form stärker oder geringer ausgeprägt vor. Jedoch sind sie sicherlich bei allen Menschen in irgendeiner Weise vorhanden. Für Mitarbeiter eines Altenpflegeheims könnte dies möglicherweise bedeuten, dass diese Widerstandsressourcen bei Altenpflegeheimbewohnern „heraus gekitzelt" werden müssten, um sie direkt am Umgang mit ihren je eigenen Stressoren zu beteiligen. Antonovsky beschreibt schließlich auch, dass die Ausprägung des Kohärenzgefühls davon abhängig ist, in welcher Form der Mensch sein Leben als verstehbar, sinnvoll und bedeutsam erlebt. Zugegebenermaßen lässt sich oft beobachten, wie alte oder hochbetagte Menschen besonders beim Einzug in ein Altenpflegeheim ihr Leben in diesem Moment nicht als verstehbar, sinnvoll oder bedeutsam empfinden. Sie sind meist aufgrund körperlicher Einschränkungen plötzlich nicht mehr selbstständig in ihrer Lebensführung, sind auf Hilfe angewiesen, mussten aus dem eigenen zu Hause heraus in ein Altenpflegeheim ziehen, sich von persönlichen Dingen, von Nachbarn, Freunden, Aktivitäten, Erinnerungen trennen und empfinden durch diese Umstände oft ein Gefühl der Hilflosigkeit und somit auch einen starken Einbruch des eigenen Kohärenzgefühls. Allerdings glaube ich, dass dieses Kohärenzgefühl mit der Eingewöhnung in einem Altenpflegeheim wieder hergestellt werden kann. Hier sind jedoch m. E. die Mitarbeiter vor Ort gefragt. Tragen diese dazu bei, dass Altenpflegeheimbewohnern das Leben wieder als verstehbar, sinnvoll und bedeutsam empfinden, so lassen sich sicherlich vorhandene Widerstandsressourcen auch wieder wecken. Werden diese aber nicht geweckt, besteht sicherlich auch die Gefahr der verstärkt auftretenden Apathie der Bewohner, wie sie auch der Altenpflegeheimbewohner im Interview anspricht: „aber auch die leute sind sehr apathisch" (Vgl. Interview vom 11. 08. 2011 mit Herrn Jakob, Bewohner Altenpflegeheim. Siehe Anhang, S. 133). Aus diesem Grund ist es m. E. sinnvoll, sofern es nicht eventuell bereits umgesetzt wird, auch auf der Grundlage des Salutogenese-Modells Inhalte in der Ausbildung an Altenpflegeschulen zu unterrichten und die Auszubildenden dahingehend zu schulen und ihnen Handlungsmuster an die Hand zu geben, diese genannten Fertigkeiten der Bewohner zu aktivieren. Dieser Aspekt als Grundlage des Altenpflegeberufes zu nutzen würde möglicherweise auch die Belastung des Pflegeberufes an sich ein Stück weit minimieren. Denn mit steigenden Widerstandsressourcen der Bewohner und somit einem steigenden selbstständigen Umgang mit eigenen Stressoren würde möglicherweise auch die Abhängigkeit der Bewohner vom Pflegepersonal minimiert werden. Jedoch ist dies nur ein Gedanke, dem allein im Rahmen einer ganzen Masterthesis nachgegangen werden könnte. Aus diesem Grund soll er an dieser Stelle nicht weiter ausgeführt werden.

Der eingangs angesprochene demographische Wandel ist im Zusammenhang mit den Aussagen der verschiedenen Probanden ebenfalls als spannend zu betrachten. Zwar sind die Schätzzahlen, die anfangs im zweiten Kapitel dargestellt wurden, lediglich, wie bereits eingangs erwähnt, Mutmaßungen und keine sicheren Vorhersagen, da niemand mit absoluter Bestimmtheit solche Zahlen vorhersagen kann. Aus diesem Grund ist der demographische Wandel als solcher m. E. auch kritisch zu betrachten, da Schätzzahlen meiner Ansicht nach nur schwer als Grundlage für soziale Arbeit genutzt werden können. Spannend ist in diesem Zusammenhang allerdings, dass besonders die beruflich im Altenpflegeheim tätigen Personen alle von einem Wandel weg von Altenpflegeheimen hin zu kleinen Wohngruppen sprechen. Im zweiten Kapitel wurde bereits angesprochen, dass der demographische Wandel, wenn er denn in dem Ausmaß vorkommen sollte, wie es die Schätzzahlen vorhersagen, vielleicht auch zu einem Umdenken bezüglich Wohnformen und Berufsgruppen führen kann. Es wurde vor allem kritisch angemerkt, dass sich bei möglicherweise steigenden Zahlen alter und hochbetagter Menschen und somit bei steigenden Zahlen von Altenpflegeheimbewohnern die individuelle Betrachtung der einzelnen Bewohner schwierig gestalten kann, da Altenpflegeheime möglicherweise durch diese hohen Zahlen stark ausgelastet sind. Wie bereits im fünften Kapitel dargestellt, betonten sowohl die Heimleiterin, als auch der Mitarbeiter des MDK wie auch die Pflegedienstleiterin die Idee, zukünftig vermehrt kleine Wohngruppen, Senioren-WG's oder auch Generationen übergreifende Wohngruppen vorzufinden. Diese Wohnformen bilden sich bereits heute immer häufiger heraus, meist privat von betroffenen Senioren selbst gegründet. Daher lassen sich solche kleinen Wohngruppen sicherlich als eine zukunftsweisende Variante des Wohnens im Alter vermuten, werden dennoch Altenpflegeheime meiner Meinung nach nicht in absehbarer Zeit vollständig ersetzen.

Interessant ist im Kontext Altenpflegeheim aber auch die ebenfalls in Kapitel 5 dargestellte Betonung aller drei beruflich involvierten Probanden bezüglich der Unterstützung durch die Demenzhelfer, die als 87b-Kräfte bezeichnet werden. Alle drei Probanden gaben an, dass diese Personen die alltägliche Arbeit mit dementen Bewohnern, die sehr zeitaufwändig ist, enorm unterstützen und besonders das Pflegepersonal in deren Arbeitsintensität entlasten. Solche zusätzlichen Unterstützungen lassen sich sicherlich auch als zukunftsweisende Maßnahmen betrachten. Denn persönlich glaube ich, dass sich das Konstrukt Altenpflegeheim als solches sicherlich noch lange halten wird, dabei die Arbeitsbelastung der Fachkräfte vor Ort gleichzeitig allerdings nicht sinken wird. Der heute schon kritisierte Fachkräftemangel, der sich zukünftig noch weiter ausbreiten soll, wird sein Übriges womöglich dazu beitragen. Aus diesem Grund halte ich es für unabdingbar, nicht nur bereits das Jahr 2050 anzuvisieren und ausschließlich über andere Wohnformen nachzudenken, sondern auch die aktuelle Lage nicht aus dem Blick zu verlieren und bereits heute der akuten Arbeitsbelastung der Berufsgruppen, die in einem Altenpflegeheim tätig sind, entgegenzuwirken. Die Einführung der sogenannten 87b-Kräfte ist dabei sicherlich ein guter Anfang.

Hinsichtlich des in Kapitel 2 dargestellten aktuellen Forschungsstandes wurde zunächst Ursula Koch-Straube mit einem Forschungsprojekt genannt, innerhalb dessen sie durch überwiegend teilnehmende Beobachtungen die Abläufe in einem Altenpflegeheim festhielt. Dabei kristallisierte sich besonders heraus, dass sich Altenpflegeheimbewohner ihrer Ansicht nach in einem ständigen Disput zwischen persönlichen Bedürfnissen und gleichzeitiger Unterordnung an strikte Strukturen der Institution Altenpflegeheim befinden. Diesen Aspekt hebt sie im Rahmen ihrer Forschungsarbeit besonders hervor. Bezüglich der Interviewführung im Rahmen dieser Thesis lässt sich festhalten, dass hinsichtlich der Sichtweise von Altenpflegeheimbewohnern lediglich ein Interview mit einem Bewohner geführt wurde. Dies kann lange kein Gesamtbild darüber abgeben, ob sich die Ergebnisse Koch-Straubes mit den Einschätzungen von Altenpflegeheimbewohnern decken. In Bezug auf das Interview mit diesem einen Altenpflegeheimbewohner lässt sich allerdings festhalten, dass dieser im gesamten Interview nicht einmal erwähnt, dass er sich Strukturen des Altenpflegeheims unterordnen muss oder es dort Abläufe gibt, die ihn in seiner persönlichen Lebensführung einschränken. Nun stellt sich dieser eine Bewohner jedoch auch trotz stark ausgeprägter körperlicher Einschränkungen als selbstständiger, willensstarker und geistig kaum eingeschränkter Mensch dar. Er macht somit auch nicht den Eindruck, als würde er sich leicht von solchen Strukturen beeinflussen lassen. Es wäre in diesem Zusammenhang sicherlich interessant gewesen, eventuell einen stark pflegebedürftigen Altenpflegeheimbewohner zu interviewen, der möglicherweise bettlägerig oder auf einen Rollstuhl angewiesen ist. Bei einer Person in dieser vermehrt abhängigen Situation wären möglicherweise vermehrt Parallelen zu den Ergebnissen Koch-Straubes aufgetreten. Im Kontext dieser Thesis lässt sich somit aber lediglich festhalten, dass keine Parallelen zwischen den Ergebnissen Koch-Straubes und den Aussagen des interviewten Altenpflegeheimbewohners zu entdecken waren.

Weiterhin wurde im zweiten Kapitel zum aktuellen Forschungsstand ein Forschungsprojekt von Sabine Josat dargestellt, woraus sich besonders das Ergebnis herauskristallisiert, dass vor allem Altenpflegeheimbewohner ein ausgeprägtes Streben nach Autonomie aufweisen. Dieses Streben nach Autonomie wurde bereits in Kapitel zwei kurz umrissen mit dem Aspekt der Selbstverwirklichung im Rahmen der Maslow'schen Bedürfnispyramide in Verbindung gebracht. Betrachtet man sich nun die in diesem Kapitel bereits getätigten Interpretationen hinsichtlich der empirischen Daten dieser Thesis und der Bedürfnispyramide Maslows, so lässt sich festhalten, dass besonders das Bedürfnis nach Selbstverwirklichung am häufigsten in die empirischen Daten hineininterpretiert wurde. Ich denke, dass zwischen dem Bedürfnis nach Selbstverwirklichung und dem Streben nach Autonomie ein enger Zusammenhang besteht. Denn Autonomie bedeutet allgemein nichts anderes als Selbstständigkeit, während Maslow die Selbstverwirklichung als Teilhabe an Wertideen und den Wunsch nach wertvoller Arbeit beschreibt. Diese Aspekte lassen sich in engen Bezug zueinander setzen, denn Teilhabe und wertvolle Arbeit sind nur möglich, sofern man zu selbstständigem Handeln, sprich Autonomie in der Lage ist. Aus diesem Grund lässt sich festhalten, dass sich die Ergebnisse Josats durchaus in den Ergebnissen dieser Thesis wiederspiegeln. Denn die im fünften Kapitel aufgeführten Kategorien und deren ausführliche Interpretation im sechsten Kapitel lassen überwiegend den Wunsch nach Selbstständigkeit erkennen. Egal ob es sich nun um die Einrichtung des eigenen Zimmers oder um die Wahl der Wohnform Altenpflegeheim als solche handelt. Es wird immer wieder deutlich, dass auch Altenpflegeheimbewohner im Grunde hauptsächlich danach streben, selbst zu entscheiden, wie sie handeln und leben möchten.

Letztlich als spannend zu betrachten ist auch die eingangs dargestellte Definition der Begriffe Konstruktion und Rekonstruktion in Verbindung mit den nun erhobenen Daten. Die Konstruktion wurde eingangs im Rahmen dieser Thesis als Sichtweise des Bewohners und die Rekonstruktion als Sichtweise der beruflich im Kontext Altenpflegeheim tätigen Personen definiert. Dabei wurde davon ausgegangen, dass sich der Bewohner selbst seine Lebenswelt konstruiert bzw. aufbaut, während die beruflich involvierten Personen, seine Lebenswelt von außen betrachten und dementsprechend lediglich nachbilden bzw. rekonstruieren können. Interessant ist in diesem Zusammenhang die ebenfalls eingangs demonstrierte Darstellung von Bartlett der Erinnerung als aktive Rekonstruktion. Dabei stellte er fest, dass Personen beim Lesen eines Textes primär dessen Kern, auffällige Details und ihre persönlichen Emotionen, die sie beim Lesen des Textes aufbauen, aufnehmen und den Text selbst somit nicht originalgetreu, sondern ein auf diesen drei Aspekten aufbauendes, selbst rekonstruiertes Gesamtbild wiedergeben. Diese Annahme lässt sich auch in Bezug auf die im Rahmen dieser Thesis erhobenen Daten vermuten. Anhand der im fünften Kapitel dargestellten Kategorien, die sich durch die Analyse des Datenmaterials herauskristallisiert haben, lässt sich erkennen, dass die Aussagen der beruflich im Kontext Altenpflegeheim tätigen Personen sowohl diverse Parallelen aber auch Unterscheidungen zu den Aussagen des Altenpflegeheimbewohners aufweisen. Diese wurden im fünften Kapitel ausführlich dargestellt und sollen aus diesem Grund an dieser Stelle nicht nochmals ausführlich behandelt werden. Entscheidend ist dabei aber, dass eben diese persönlichen Emotionen besonders in den Unterscheidungen der Aussagen deutlich werden. Es ist spürbar, dass jeder der beruflich involvierten Probanden zwar den Kern des Bedarfs des Altenpflegeheimbewohners erfasst hat und diverse Themeninhalte wie die individuelle Betrachtung der einzelnen Bewohner oder die Notwendigkeit persönlicher Kontakte bemerkt. Jedoch erwähnt jeder Proband auch unterschiedliche auffällige Details, die eng mit seinen persönlichen Emotionen in Zusammenhang stehen. So hat die Heimleiterin, um es an einem konkreten Beispiel zu erläutern, als einzige Probandin die Notwendigkeit der Auseinandersetzung mit dem Thema Tod im Blick und plädiert dafür, sich bereits frühzeitig damit zu befassen, auf welche Weise man beerdigt werden möchte und welche Personen man in der Sterbesituation bei sich haben möchte. Sie selbst sieht diese Themen als unabdingbar für Altenpflegeheimbewohner an. Der Altenpflegeheimbewohner hingegen schneidet dieses Thema nicht an, obwohl oder aber auch gerade weil erst kürzlich seine Frau gestorben ist. An den Angaben der Heimleiterin lässt sich somit vermuten, dass dieser Themenbereich ihr persönlich sehr wichtig ist und sie daher in die Frage nach dem Bedarf von Altenpflegeheimbewohnern ihre eigenen Emotionen hineingibt und so diesen Themenaspekt als einen Bedarf von Altenpflegeheimbewohnern rekonstruiert. Dies zeigt, dass die Ergebnisse Bartletts auch heute noch einen hohen Aktualitätsgrad aufweisen und sich auch auf Mitarbeiter der sozialen Arbeit übertragen lassen. So ließe sich an dieser Stelle die These aufstellen, dass Menschen, die in der sozialen Arbeit tätig sind, nicht exakt wiedergeben können, was ihre Klienten

109

benötigen, sondern lediglich aufgrund des Kerns der Geschichte, auffälliger Details und eigens hineingebrachter Emotionen lediglich rekonstruieren können, was ihre Klienten benötigen könnten. Um diese These ausführlich zu behandeln, würde es m. E. höchstwahrscheinlich einer weiteren Masterthesis bedürfen. Im Rahmen dieser Thesis kann und soll sie lediglich im Rahmen des Ausblicks in Kapitel 7 nochmals aufgegriffen werden.

An dieser Stelle sei letztlich noch zu betonen, dass ursprünglich die Überlegung bestand, in diese Thesis Daten eines anderen Forschungsprojektes einfließen zu lassen, das sich im Rahmen einer Studienarbeit mit der Frage befasste: „Entsprechen die Qualitätsstandards des MDK in Altenpflegeheimen den Qualitätsstandards der dort lebenden Altenpflegeheimbewohner?". Aus diesem quantitativen Forschungsprojekt heraus wurden Ergebnisse erzielt, die im Rahmen dieser Thesis von Interesse gewesen wären, da sie einige Aussagen der Probanden aus den Interviews hätten unterstützen können. Dies sollte ursprünglich im Rahmen einer sogenannten Datentriangulation geschehen. Diese lässt sich definieren als „Einbeziehung unterschiedlicher Datenquellen [1970:301] in Abgrenzung zur Verwendung unterschiedlicher Methoden der Hervorbringung von Daten" (Flick, 2011, S. 13). Im Rahmen dieser Thesis hätte sich die Datentriangulation somit auf quantitative Ergebnisse auf der Grundlage eines Fragebogens und qualitative Ergebnisse auf der Grundlage der vier Interviews gestaltet. Jedoch fiel letztlich bewusst die Entscheidung eine solche Triangulation nicht durchzuführen. Einerseits aus dem Grund, dass selbst in der Literatur diese Vorgehensweise kritisch betrachtet wird. So stellt Flick hinsichtlich der Verwendung quantitativer und qualitativer Ergebnisse folgende kritische Fragen:

„Inwieweit wird dabei jeweils der spezifische theoretische Hintergrund der beiden verwendeten empirischen Zugänge [bei der Erhebung und Auswertung] berücksichtigt: Ergeben sich Divergenzen nicht möglicherweise schon aufgrund des jeweils unterschiedlichen Wirklichkeits- und Gegenstandsverständnisses der beiden qualitativen bzw. quantitativen Zugänge? Sollten dann zu weitgehende Konvergenzen nicht eher Anlass zur Skepsis als simple Bestätigung des einen durch das andere Ergebnis sein? Schließlich: Inwieweit werden die beiden Zugänge und die damit erzielten Ergebnisse auch jeweils als gleichermaßen relevante und eigenständige Erkenntnisse betrachtet, so dass die Verwendung des Begriffs der Triangulation hier gerechtfertigt ist? Inwieweit wird der eine [oder der andere] Zugang auf eine untergeordnete Rolle bspw. ausschließlich zur

Plausibilisierung der Ergebnisse des jeweils anderen Zugangs reduziert?"
(Flick, 2011, S. 89)

Diese kritischen Fragen Flicks brachten mich zum Grübeln hinsichtlich der Verwendung einer Forschungsmethode, die ich selbst noch nie angewendet habe und somit auch nicht beherrsche. Hier überwog die Skepsis, sich nicht in der Verwendung einer Triangulation zu verlieren bzw. diese nicht gründlich genug auszuführen. Hinzu kam, dass sich in der Literatur kaum ein plausibler Leitfaden zur Verwendung einer Triangulation finden lässt, was die Skepsis hinsichtlich der Durchführung dieser Methode noch verstärkte. Aus diesem Grund fiel bewusst die Entscheidung, die Forschungen im Rahmen dieser Thesis auf eine Methode, nämlich die qualitative Form der Interviews zu wählen und sich dieser ausführlich zu widmen.

Im folgenden Kapitel sollen nun strukturelle Aspekte dieser Thesis zum Verlauf und zum Vorgang der Forscherin kritisch angemerkt werden.

6.2 Strukturelle Diskussion

In Bezug auf den Verlauf der Forschung im Rahmen dieser Thesis und die Vorgehensweise der Forscherin sind ebenfalls einige Aspekte kritisch anzumerken. Denn obwohl die Forschungsfrage und auch die Ergebnisse zwar durchaus spannend sind, kann im Rahmen einer ein Semester überdauernden Masterthesis absolut kein Repräsentativitätsanspruch gewährleistet werden. Sicherlich wäre es zwar generell reizvoll gewesen, sowohl mehrere Altenpflegeheimbewohner als auch mehrere Heimleiter, Pflegedienstleiter und Mitarbeiter des MDK zu interviewen, um zum einen eine höhere Fallzahl zu erreichen und zum anderen einen Vergleich verschiedener Interviewtexte von Personen gleicher Positionen herstellen zu können. Aufgrund der zeitlichen Kapazität dieser Thesis war dies allerdings nicht möglich.
Weiterhin lässt sich festhalten, dass es für die Forscherin selbst durchaus spürbar war, aus eigener Sicht in der Implementierung des Forschungsablaufs nicht ausreichend versiert zu sein. So ergaben sich im Laufe des Forschungsprozesses immer wieder Situationen der Unsicherheit bezüglich der Richtigkeit der je aktuellen Vorgehensweise bzw. der Planung weiterer Schritte. Diese Unsicherheiten traten besonders im Rahmen der Datenanalyse regelmäßig auf, da die Forscherin selbst die Methode der qualitativen Inhaltsanalyse bis zum Zeitpunkt der Thesis noch nicht selbstständig

durchgeführt hatte. Trotz hilfreicher Literatur und regem Austausch mit anderen forschenden Personen fehlte das routinierte Gefühl, den Prozess dieser speziellen Datenanalyse bereits im Vorfeld in einem anderen Kontext persönlich durchlaufen zu haben. Die Thematik war demnach Neuland für die Forscherin, was immer wieder die Frage nach einer gelungenen Durchführung der Analyse mitschwingen ließ.

Weiterhin lassen sich auch diverse kleinere Fehler im Rahmen der Datenerhebung bzw. konkret in der Interviewführung festhalten. So fiel der Forscherin erst nach der Transkription der Interviews auf, dass sie einerseits an manchen Stellen Doppelfragen stellte, d.h. teilweise zwei Fragen zu unterschiedlichen Themenaspekten gemeinsam in einer Frage formulierte. So zum Beispiel im Interview mit der Heimleiterin: „welchen bedarf haben Sie denn ganz persönlich in ihrem: job was sind sachen die äh Ihren job vielleicht erleichtern: oder aber auch erschweren?" (Vgl. Interview vom 19. 08. 2011 mit Frau Hensold, Heimleiterin Altenpflegeheim. Siehe Anhang, S. 142) An dieser Stelle wird somit deutlich, dass die Forscherin durch das Hinzufügen eines zweiten Themenschwerpunktes, nämlich der Aspekte, die die Arbeit der Heimleiterin möglicherweise erleichtern oder erschweren, dem ersten Teil der Frage, nämlich nach dem eigenen Bedarf der Heimleiterin quasi vorweg greift und diesen durch Hinzufügung des zweiten Themenaspektes abschneidet bzw. stark eingrenzt. An dieser Stelle wäre ein Splitten dieser beiden Themenbereich in zwei separate Fragen an verschiedenen Stellen des Interviews sinnvoller gewesen, da es der Heimleiterin sicherlich eine offenere Form der Beantwortung der Frage ermöglicht hätte.

Hinzu kommt, dass die Forscherin an einigen Stellen im Interview unbewusst wertende Aussagen tätigt. So ebenfalls im Interview mit der Heimleiterin beispielhaft festzustellen: „wow gut" (Vgl. Interview vom 19. 08. 2011 mit Frau Hensold, Heimleiterin Altenpflegeheim. Siehe Anhang, S. 142) oder „ja das stimmt" (Vgl. Interview vom 19. 08. 2011 mit Frau Hensold, Heimleiterin Altenpflegeheim. Siehe Anhang, S. 147). Auch diesbezüglich sei kritisch anzumerken, dass auch die Interviewführung noch nicht als routinierte und versierte Tätigkeit der Forscherin betrachtet werden kann. Jedoch sollte besonders der wertfreie Umgang mit Interviewpartnern und deren Aussagen zukünftig besonders berücksichtigt werden.

Letztlich sollte aber generell und unabhängig von der Forscherin selbst Forschung als solche in Bezug auf die Objektivität eines Forschers m. E. grundsätzlich diskutiert werden. Denn jeder Forscher hat einen eigenen biographischen sowie fachlichen Hintergrund, den er zwangsläufig und nicht immer bewusst in einen solchen Forschungsprozess einbringt. So stellte die

Forscherin fest, dass sie trotz größter Mühe einen so weit als möglichen objektiven Umgang mit der Fragestellung und dem Datenmaterial zu halten, dies nicht umsetzen konnte. Die eigenen Gedanken, Erfahrungen und Wissenshintergründe schwingen im Rahmen der Datenanalyse grundsätzlich mit und sind immer präsent. Zwar sind die Ergebnisse dieser Thesis durchaus interessant und spannend. Jedoch wären sie sicherlich nicht identisch, hätte die Datenanalyse ein anderer Forscher mit anderem fachlichem, kulturellem oder biographischen Hintergrund durchgeführt. Dies ist aber ein Problem, dass sich m. E. nicht einfach beheben lässt, da kein Forscher seinem Material gegenüber vollkommen objektiv sein kann. Subjektive Aspekte schwingen immer mit. Dennoch sollte man sich m. E. dieser Tatsache im Rahmen einer Forschung immer bewusst sein und die Augen nicht davor verschließen.

Im Folgenden soll nun ein Fazit bezüglich des Themas der Thesis gezogen werden.

7. Ausblick

An dieser Stelle soll nochmals, wie bereits in Kapitel 6.1 erwähnt, auf die Ergebnisse Bartletts in Verbindung mit den empirischen Ergebnissen dieser Thesis thematisiert werden. Aus dem Vergleich der Ergebnisse kristallisierte sich in Kapitel 6.1 die These heraus, dass auch Menschen, die in der sozialen Arbeit tätig sind, nicht originalgetreu den Bedarf ihrer Klienten wiedergeben können, sondern ihn lediglich auf der Basis des Kerns der Sache, auffälligen Details und ihren eigens eingebrachten Emotionen rekonstruieren können. Anhand der genannten Beispiele wurde deutlich, dass die beruflich im Kontext Altenpflegeheim tätigen Probanden zwar grundsätzlich Aussagen über den Bedarf von Altenpflegeheimbewohnern machen konnten, die sich in vielen Aspekten mit den Aussagen des Altenpflegeheimbewohners zu diesem Thema deckten. Jedoch war auch deutlich herauszulesen, dass die Probanden auch ihre ganz eigenen Emotionen und somit auch Themenbereiche, die vor allem ihnen selbst wichtig erschienen, in ihren Aussagen zum Bedarf von Altenpflegeheimbewohnern einbrachten. Das lässt also vermuten, dass Mitarbeiter in Altenpflegeheimen, unabhängig ihrer Position und Inhalt ihres Berufsbildes, möglicherweise immer ein Stück ihrer eigenen Persönlichkeit auf ihr Tätigkeitsfeld übertragen und einbringen. Besonders in der täglichen Arbeit mit Altenpflegeheimbewohnern ist dies kritisch zu betrachten. Denn gerade in diesem Bereich gibt es nicht nur Klienten, die ohne Schwierigkeiten ihre Wünsche und Bedürfnisse äußern können. Man kann nicht immer davon ausgehen, dass man die Klienten nach deren persönlicher Meinung zu diversen Themenaspekten befragen kann. An dieser Stelle ist somit fraglich, wie zumindest bei Personengruppen, die sich nicht mehr problemlos artikulieren können, eine Ermittlung ihres Bedarfs möglich sein kann. Bei Personen, die sich noch artikulieren können, wie dem Bewohner, der im Rahmen dieser Thesis interviewt wurde, wäre dies sehr wohl möglich. Im Umgang mit Personen seiner Konstitution wäre sicherlich ein offener Umgang zwischen Personal und Bewohner wünschenswert. Ich bin mir sicher, gerade dieser Bewohner würde gern ab und an nach seiner Meinung zu diversen Themen gefragt werden. Diese Vorgehensweise würde nicht nur Informationen zu seinem Bedarf liefern, sondern ihm auch ein Gefühl der Anerkennung und Wertschätzung widerspiegeln, was bereits durch Maslows Bedürfnispyramide deutlich wurde, für Menschen aller Art und somit auch für Altenpflegeheimbewohner von hoher Bedeutung ist. Der Altenpflegeheimbewohner bemängelt im Interview sicherlich nicht umsonst den Umgang mit Biographiearbeit in Altenpflegeheimen. Sicherlich würde ein offener Austausch, ein ausgiebiges Gespräch zu mehr Informationen hinsichtlich seiner persönlichen Sichtweisen führen und den Umgang in der täglichen Arbeit miteinander in vielerlei Hinsicht erleichtern. An dieser Stelle treten sicherlich Bedenken hinsichtlich des von den anderen drei Probanden angesprochenen Fachkräftemangels hervor. Dieser lässt sich sicherlich nicht in absehbarer Zeit und auch nicht im Rahmen dieser Thesis aus der Welt schaffen. Jedoch sollte auch dieser nicht aus dem Blickfeld geraten. Denn ein offener Austausch und ausgiebige Gespräche zwischen Mitarbeitern und Bewohnern sind nur möglich, wenn die Mitarbeiter die Zeit dafür aufbringen können. So gehören zu einem wertschätzenden Umgang untereinander und dem Interesse am Bedarf des Altenpflegeheimbewohners auch Strukturen, die den Mitarbeitern die Zeit dafür ermöglichen, um ihre eigene Arbeit so nah wie möglich am Altenpflegeheimbewohner orientieren zu können.

Literaturverzeichnis

1. Atteslander, Peter: Methoden der empirischen Sozialforschung. 12. durchgesehene Auflage.
   Erich Schmidt Verlag, Berlin 2008

2. Bundesministerium für Familie, Senioren, Frauen und Jugend: Fünfter Bericht zur Lage der älteren Generation in der Bundesrepublik Deutschland, Berlin 2006

3. Bundesministerium für Familie, Senioren, Frauen und Jugend: Altern im Wandel. Zentrale Ergebnisse des deutschen Altersserveys (DEAS). Berlin 2010

4. Dittmar, Norbert: Transkription. Ein Leitfaden mit Aufgaben für Studenten, Forscher und Laien. 3. Auflage.
   VS Verlag für Sozialwissenschaften, Wiesbaden 2009

5. Edelmann, Walter: Lernpsychologie. 5., vollständig überarbeitete Auflage.
   Psychologie Verlags Union, Weinheim 1996

6. Flick, Uwe: Triangulation. Eine Einführung. 3., aktualisierte Auflage. VS Verlag für Sozialwissenschaften, Wiesbaden 2011

7. Franke, Alexa (2006): Modelle von Gesundheit und Krankheit. Bern, Verlag Hans Huber

8. Josat, Sabine: Qualitätskriterien in der stationären Altenpflege: - aus Sicht der Bewohner und Angehörigen. VDM Verlag, Saarbrücken 2010

9. Koch-Straube, Ursula: Fremde Welt Pflegeheim. Verlag Hans Huber, Bern, Göttingen, Toronto, Seattle 2003

10. Kutter, Peter/Müller, Thomas: Psychoanalyse. Eine Einführung in die Psychologie unbewusster Prozesse. Klett-Cotta, Stuttgart 2008

11. Mayring, Phillipp: Qualitative Inhaltsanalyse. Grundlagen und Techniken. 11. aktualisierte und überarbeitete Auflage. Beltz Verlag, Weinheim und Basel 2010

12. Przyborski, Aglaja/ Wohlrab-Sahr, Monika: Qualitative Sozialforschung. Ein Arbeitsbuch. Oldenbourg Wissenschaftsverlag, München 2008

13. Roloff, Juliane: Demographischer Faktor. 1. Auflage. Europäische Verlagsanstalt, Hamburg 2003

14. Sader, Manfred/ Weber, Hannelore: Psychologie der Persönlichkeit. Grundlagentexte Psychologie. Juventa Verlag, Weinheim und München 1996

15. Wiesmann, U. / Rölker, S. / Hannich, H.-J.: Salutogenese im Alter. In: Zeitschrift für Gerontologie und Geriatrie, Band 37, Heft 5, Steinkopff Verlag, Greifswald 2004, S. 366-376.

Internetquellen

1. Dialogmarketing: Bedürfnispyramide nach Abraham Maslow (1908-1970).
   URL:http://dialogmarketing.anarcho-versand.de/wp-content/uploads/2011/03/maslow.gif
   (eingesehen am 07.12.2011 MEZ 20:33 Uhr)

2. Frankfurter Allgemeine Zeitung: Mit hundert hat man noch Träume.
   URL: http://www.faz.net/aktuell/wissen/mensch-gene/alte-menschen-mit-hundert-hat-man-noch-traeume-1843163.html
   (eingesehen am 11. 10. 2011, MEZ 13:42 Uhr)

3. Gesundheitsberichterstattung des Bundes: Stress.
   URL: http://www.gbe-bund.de/gbe10/abrechnung.prc_abr_test_logon?p_uid=gasts&p_aid=&p_knoten=FID &p_sprache=D&p_suchstring=8612::Herz
   (eingesehen am 09.12.2011 MEZ 22:48 Uhr)

4. GKV-Spitzenverband: Anlagen zu den Qualitätsprüfungsrichtlinien vom 11.06.2009 in der Fassung vom 30.06.2009.
   URL: https://www.gkv-spitzenverband.de/upload/QPR_Anlage_2_30062009_7607.pdf
   (eingesehen am 11.02.2011, MEZ 16:43 Uhr)

5. Landesakademie für Fortbildung und Personalentwicklung an Schulen: Das salutogenetische Modell nach Aaron Antonovsky.
   URL:http://lehrerfortbildung-bw.de/allgschulen/hs/hs_tage_2009/inhalte/f_5/01/index.html
   (eingesehen am 11.11.2011 MEZ 12:13 Uhr)

6. QSF: Qualitative Inhaltsanalyse.
   URL: http://qsf.e-learning.imb-uni-augsburg.de/system/files/III_2_Qualitative_Inhaltsanalyse.gif
   (eingesehen am 11.11.2011 MEZ 13:57)

7. Socialinfo Wörterbuch der Sozialpolitik: Gesundheit.
   URL: http://www.socialinfo.ch/cgi-bin/dicopossode/show.cfm?id=255
   (eingesehen am 11.12.2011 MEZ 12:27 Uhr)

8. Vorburger, Alex / Meyer, Stefan: Der Zürcher Sozialindex. Ein Instrument zur Messung sozialer Belastung von Schulgemeinden.
   URL: http://www.bscw-hfh.ch/pub/bscw.cgi/d5006429/VorburgerAnhang.pdf.pdf
   (eingesehen am 11.11.2011 MEZ 10:34 Uhr)

9. Wissen.de: Anspruch.
    URL:
    http://www.wissen.de/wde/generator/wissen/ressorts/geschichte/zeitgeschehen/inde
    x,page=1049534.html
    (eingesehen am 30.10.2011 MEZ 17:48 Uhr)

10. Wissen.de: Konstruktion.
    URL:
    http://www.wissen.de/wde/generator/wissen/ressorts/bildung/index,page=1168640.
    html
    (eingesehen am 30.10.2011 MEZ 18:37 Uhr)

11. Wissen.de: Konsturktion.
    URL: http://www.wissen.de/wde/generator/wissen/ressorts/bildung/index,page=
    1168646.html
    (eingesehen am 30.10.2011 MEZ 18:57 Uhr)

12. Wissen.de: Rekonstruktion.
    URL: http://www.wissen.de/wde/generator/wissen/ressorts/bildung/woerterbuecher/
    index,page=1223882.html
    (eingesehen am 30.10.2011 MEZ 19:10 Uhr)

13. Wissen.de: Bedarf.
    URL:http://www.wissen.de/wde/generator/wissen/ressorts/finanzen/wirtschaft/inde
    x,page=1059554.html (eingesehen am 30.10.2011 MEZ 19:56 Uhr)

Abkürzungsverzeichnis

bmfsfj.	= Bundesministerium für Familie, Senioren, Frauen und Jugend
bspw.	= beispielsweise
bzw.	= beziehungsweise
CHAT	= Codes for Human Analyses of Transcripts
d.h.	= das heißt
etc.	= und so weiter
et al	= und andere
f.	= folgende Seite
FAZ	= Frankfurter Allgemeine Zeitung
ff.	= folgende Seiten
GAT	= Gesprächsanalytisches Transkriptionssystem
ggf.	= gegebenenfalls
GKV	= Gesetzliche Krankenversicherung
Hrsg.	= Herausgeber
KA	= Konversationsanalyse
Lat.	= lateinisch
MDK	= Medizinischer Dienst der Krankenkassen
m. E.	= meines Erachtens
MEZ	= Mitteleuropäische Zeit
o. ä.	= oder ähnliches
S.	= Seite
SGB XI	= Sozialgesetzbuch 11
USB	= Universal serial Bus
vgl.	= sinngemäße Zitate
z.B.	= zum Beispiel